시에세이 037

배홍배 산문집

LP로 쓴 겨울 나그네 편지

■ 작가의 말

1. 슈베르트의 연가곡 『겨울 나그네』에 대하여

사람들이 슈베르트의 연가곡 『겨울 나그네』를 좋아하는 이유는 무엇일까?
클래식 음악에 깊이 빠진 것도 아니고, 낭만주의 음악을 특별히 사랑하는 것도 아닌데 자살적인 분위기로 시작해 점점 우울해지고 체념으로 이끌어 가는 이 노래를 왜 좋아할까?
24곡이나 되는 노래들을 사람들이 지루할 틈도 없이 끝까지 듣는 것은 곡과 가사가 아름답고 감정적이기 때문이다.
굳이 그들에게 좋아하는 이유를 물으면 대부분 그냥 낭만적이고 멋지기 때문이라는 등의 피상적인 대답을 한다.

사람들은 노래가 갖는 우울한 분위기와는 상관없는 현실에서 과거의 따뜻하고 행복했던 시절에 대한 기억을 비참한 겨울 나그네에서 소환한다.
실제로 불행하지 않으면서도 슬프고 암울하고 비

극적인 음악들을 더 좋아하는 사람들이 많다.
음악은 그 자체가 갖는 메시지를 초월하여 듣는 사람을 단순한 인간 비극을 넘어 무의식적인 감정의 차원으로 이끈다.
사람들은 희극보다는 오히려 깊은 비극에서 더 큰 즐거움을 찾는다고 한다.
그래서 사람들은 음악 자체와는 관계없이 겨울 나그네가 주는 우울한 이미지를 떠올리는 것을 좋아하고 듣고 싶어 한다.
거리에서 음악과는 별개로 『겨울 나그네』라고 쓰인 간판들을 쉽게 볼 수 있는 것도 이 때문이다.

깊이 음악을 듣고 사랑하는 사람들은 이 연가곡이 갖는 음악의 황량함에도 불구하고 슈베르트 음악의 압도적인 비극성을 높은 시적인 경지까지 끌어올림으로써 자학적인 즐거움을 느끼기도 한다.
이 노래의 가사인 시를 쓴 빌헬름 뮐러와 슈베르트는 사람들에게 동일체로 여겨진다.
두 사람의 나이 차이는 3년으로 뮐러는 1794년 독일 작센안할트주의 데사우에서, 슈베르트는

1797년 비인에서 서로 멀리 떨어진 곳에서 태어났지만 둘 다 젊은 나이에 비극적인 생을 마쳤다.
뮐러는 1827년 33세에 심장마비로, 슈베르트는 뮐러가 떠난 1년 후 1828년 31세의 나이로 세상을 떠났다.

뮐러는 격동의 삶을 살았던 시인이다.
1813년 나폴레옹 군이 진격해오자 뮐러는 이에 맞서 다니던 베를린 대학을 휴학하고 프로이센군에 자원입대한다.
그 후 4차례의 전투에 참여하고 나폴레옹 군이 워털루 전투에서 패망하던 1815년 대학에 다시 복학한다.
대학 졸업 후 남부 독일과 이탈리아를 여행하고 고향 데사우로 돌아와 교사로, 도서관 사서로 일하며 많은 시를 쓴다.
그의 중요한 작품으로는 시 『여행하는 호른 연주자』와 『그리스인들의 노래집』이 있는데 이 작품들은 터키와의 갈등 속에 있는 그리스인들에 대한 동정심을 담고 있다.
뮐러는 브뤼셀에 주둔 중이던 시절 한 유부녀와의

불륜으로 군에서 추방되어 한겨울에 걸어서 베를린으로 돌아온 일이 있었다.
뮐러의 이 경험, 겨울 여행은 1824년에 나온 시집 『여행하는 호른 연주자』의 제2권에 수록된 1부와 2부의 시들로 슈베르트의 연가곡 『겨울 나그네』의 기초가 되었다.

1827년 초 슈베르트는 첫 부분 12개의 시만 알고 곡을 썼으나 조금 후에 다른 12곡이 더 있다는 것을 알게 된 후 2부의 작곡에 즉시 착수한다.
그리고 슈베르트는 뮐러의 원시(原詩)의 순서를 조금 바꾼다.
이는 생이 얼마 남지 않았음을 직감하고 있던 슈베르트 자신의 영감에서였을 것이다.
제13곡 활발한 느낌의 '우편마차'는 본래 뮐러의 시엔 5번 '보리수' 바로 뒤에 위치하였으나 슈베르트는 1번부터 줄곧 고독으로 이어져 오는 노래의 분위기를 깨고 싶지 않아 2부의 첫 시작에 놓았다.
특히 제20곡 이정표 이후의 순서는 슈베르트의 심리가 결말까지 극적으로 연결되게 함으로써 그의 가슴 아픈 이야기의 전개 방식에 있어 탁월함을 보여준다.

여기서 놀라운 것은 뮐러의 원작엔 시 '용기'가 본래 마지막에서 두 번째인 23번에 위치해 있었지만 슈베르트는 한 단계 앞 22번으로 당김으로써 이 연가곡의 가장 절망적인 '환상의 태양'을 23번에 놓아 최후의 노래 '거리의 악사'로의 자연스런 연결을 꾀한 것이다.

이렇게 함으로써 시적으로나 음악적으로 가히 최고의 노래가 탄생하게 된 것이다.

이 연가곡은 슈베르트의 친구이자 바리톤 가수 요한 미하엘 포글을 위해 썼다.

포글은 1768년 오스트리아의 린츠에서 태어나 1786년 빈으로 이주해 변호사 공부를 했다.

그러면서 성악 공부도 함께했는데 그의 실력은 일취월장하여 1795년 궁정 오페라 단원으로 들어간다.

목소리가 아름답고 연기력도 좋아 빠르게 청중의 인기를 얻었다.

슈베르트는 16세가 되던 해 포글이 글룩의 『타우리데의 이피게니』에서 오레스테스를 부르는 것과 베토벤의 오페라 『피델리오』의 피사로를 부르는 것을 듣고 그의 아름다운 목소리에 감명을 받는다.

그 후 1817년 두 사람은 만나 서로에게 깊은 인상을 받게 되고 그들은 평생 협력 관계 속에서 친구로 지냈다.

슈베르트는 포글을 위해 많은 성악곡을 썼다.

괴테의 시에 슈베르트가 곡을 붙인 가곡 마왕을 1821년 포글이 초연을 하여 음악사에 큰 이정표가 되었다.

본래 가곡 '마왕'은 슈베르트가 18세 되던 1815년 괴테의 시에 처음 곡을 써서 악보를 괴테에게 보냈으나 괴테는 듣보잡 슈베르트의 악보 봉투를 뜯어보지도 않고 바로 송부해버린 적이 있었다.

그때 우스운 일이 일어났는데 그 반송된 악보는 우리의 피터 프란츠 슈베르트가 아닌 이름이 비슷한 작센부르크의 궁정악단 첼로 주자 안톤 슈베르트에게 잘못 간 것이다.

그리고 잠자고 있던 슈베르트의 가곡 '마왕'은 몇 년이 지난 1821년 포글이 처음 불러 세상에 알려지고 빛을 보게 된다.

인간사에 있어 '만약'이란 단어는 아무 필요가 없는 말이지만, 그때 괴테가 악보를 보았고, 괴테가 자신의 시에 곡이 붙여진 '마왕'을 들었다면 슈베르트의 삶은 어떻게 달라졌을까?

슈베르트는 평생 아마추어 음악가로 살아가다 불치의 병 매독까지 얻게 되고 죽기 1년 전인 1827년 생전에 그토록 존경하던 베토벤을 처음 만나 그로부터 큰 칭찬을 듣고 고무되어 그 아픈 몸으로 생의 마지막까지 1년 동안 그의 걸작 대부분을 작곡한다.

하루에 몇 편을 작곡하기도 했다니 그의 천재성에 놀람을 금치 못한다.

슈베르트의 첫 번째 연가곡 『아름다운 물방앗간 아가씨』도 포글을 위해 작곡했고 『겨울 나그네』 역시 포글을 염두에 두고 작곡했던 것이다.

슈베르트는 살아생전 2개의 연가곡이 출판되지 못해 공연장에서 자신의 노래를 들을 수가 없었지만 자신의 반주로 포글이 부르는 것을 직접 들었다.

그때 불치의 병중에 있던, 1년도 채 남지 않은 그의 마지막 해에 자신의 마지막 연가곡을 스스로의 반주로 듣고 슈베르트는 어떤 생각을 했을까?
생전의 듣보잡의 설움에 대하여 그의 사후 지금까지 음악 역사상 가장 많은 사랑을 받는 그의 위대한 연가곡 『겨울 나그네』가 뒤늦게 사후 보상을 해주고 있다는 것은 젊어 요절한 그에게 너무 잔인한 일인지도 모른다.

슈베르트의 공식 사인은 장티푸스로 알려졌으나 실제로는 매독 치료에 의한 수은 중독이 정설로 받아들여지고 있다.
그가 세상을 떠난 후 오랜 세월이 지난 오늘날까지 그의 죽음에 대한 비극적 이야기가 되풀이되는 것은 이 억울하고 불우한 생을 살다 간 슈베르트를 더욱 측은하게 한다.

슈베르트의 연가곡이란 개념은 당시로썬 참으로 신선한 것이었다.
최초의 연가곡으로 알려진 것은 1816년 베토벤이 쓴 『떠나온 물소』였으나 11년 후에 나온 슈베르트의 연가곡은 모든 면에서 새롭고 혁신적인 작품으로 평가받는다.

1824년에 작곡한 『아름다운 물방앗간 아가씨』도 상당한 성공을 거두긴 했으나 시골을 배경으로 사랑과 질투를 묘사한 이 작품은 전곡이 극적인 절망과 비탄, 감정변화의 굴곡을 보여주는 『겨울 나그네』에 비해 다소 밋밋해 보인다.

겨울 나그네의 주인공이 여자 친구에게 배신당하고 겨울 저녁 그녀의 집을 떠나는 장면으로 연가곡은 시작한다.

두 사람은 결혼까지 약속한 사이였고 여자 친구의 어머니도 결혼을 선언한 상태였지만 청년은 모든 것을 잃고 사랑했던 여인을 떠난다.

쫓겨나듯 떠나는 완전한 사랑의 절망적인 패배자였다.

그러나 젊은이의 마음을 더욱 절망적인 것으로 만든 것은 그가 사랑에 패배한 것이 아니라 돈에 패배당했다는 것이었다.

『겨울 나그네』는 사랑을 잃고 방황하는 젊은이를 얼어붙은 풍경을 지나 광기의 가장자리까지 데려간다.

여기서 젊은이는 바로 시인 뮐러이자 슈베르트 자신이다.

그리고 이 노래를 좋아하는 사람들 모두가 된다.

작품의 제목은 단순히 겨울에 여행을 떠나는 사람이거나 방랑하는 여행자를 의미하지만 노래는 겨울 여행의 여정이다.

그래서 번역자에 따라 『겨울 여정』이라고 하는 사람도 있다.

이 노래의 가사는 환상 은유, 그리고 창의적인 메타포에 의한 시적 언어들로 가득 차 있어서 새로운 상상력이 꿈틀거린다.

겨울 나그네엔 몇 가지 흥미로운 것이 있다.

슈베르트는 이 연가곡에서 원작 시의 단어를 바꾸기도 하는데, 4번째 곡 원작 'Erfroren(얼어 죽은)'을 '동결(Erstarrung)'이란 제목으로 바꾼 것은 의도적으로 방랑자의 감정의 정지와 절망을 더욱 강도 높게 표현하고, 사랑을 잃은 젊은 방랑자의 여정을 더욱 자연스럽게 이어가고자 하는 슈베르트의 문학적 감수성으로 보기도 한다.

그리고 이 책의 마지막 부분 슈베르트가 형에게 보내는 편지에서도 그의 문학적 묘사 능력이 탁월함을 곳곳에서 보여주고 있어서 그의 31세란 짧은 생이 더욱 안타깝게 느껴진다.

뮐러의 우울하고 무거운 시가 슈베르트의 억울하고 서러운 감정과 결합한 이 연가곡은 인간이 가져야 할 인생의 조건에 대하여 명확하게 해석하도록 내버려두지 않는다는 것이 우리를 붙잡고 있는 달콤한 절망의 덫인지도 모른다.

프란츠 슈베르트

시인 빌헬름 뮐러

2. 사랑의 추방자를 위하여

사랑을 잃은 젊은이는 걷잡을 수 없는 마음의 상처를 입고 눈보라치는 겨울 벌판을 향한다.
사랑에 관하여 이방인으로 왔다가 이방인으로 떠난다.
매서운 바람이 선택한, 그가 가야 할 길엔 염세적인 어둠만이 자라고 수많은 꽃다발로 그를 맞이해주었던 계절은 자기 파멸을 이끄는 들짐승들의 발자국을 따라간다.

아름다운 아가씨여 안녕, 불어오는 바람과 불어가는 바람 사이에서 가여운 사랑의 추방자는 어디로 향해야 할지, 마을의 풍향기에도 그는 혼란스럽다.
그대로 얼어버리기엔 가슴은 아직 뜨거운데 슬픔이 한 방울 먼저 뺨 위에 얼어붙고, 사랑의 말을 새겨놓고 기쁠 때나 슬플 때나 찾아가던 보리수나무 뿌리 끝까지 밀리는 발끝에서도 그의 꿈은 파랗게 저문다.

그녀와 함께 걸었던 들판의 발자국들도 눈에 덮여 버렸다.

젊은이는 엎드려 하얀 눈 위에 키스를 한다.

뜨거운 눈물이 한 방울 떨어진 자리, 더 외로운 발자국이 녹아 덜 외로운 발자국에게로 흐른다.

한없이 흐르는 눈물은 눈 위에 떨어지고, 그의 고통을 목마른 듯 빨아들이는 눈은 녹아 그녀의 집 앞으로 흐르고 그의 꿈도 따라 흐른다.

환상에서 깨어나 휘청거리며 다시 길을 떠나는 사랑의 추방자를 따라온 까마귀의 울음 속에서 비정한 눈보라는 뿌려진다.

그렇게 뿌려지다 텅 비어버린 새의 울음 속이 외로울 때 바위틈에서 도깨비불이 그를 유혹한다.

잘못 든 길로 흐르고 흘러가면 슬픔과 기쁨이 속죄의 바다에서 조용히 만나기를 그는 믿는다.

발목까지 흘러내린 그의 가슴에 수취인도 없이 눈은 몰려와 쌓인다.

그냥 쌓이기엔 너무 멀어 그의 발자국들이 끼리끼리 눈 위에 쌓이고, 가까운 만큼 그만큼만 더 잊히는 길을 나그네는 이틀은 기억해 내고 사흘은 돌아간다.

사랑으로부터 추방된 자의 겨울나무는 캄캄하다.
바람이 불어 나뭇가지들이 그 대신 깊은 상념에 잠기고 그는 치를 떤다.
눈은 발등에 쌓여 무덤을 만들고 그는 거기에 희망을 묻는다.
해가 진 지 오랜 시간, 사람들은 잠들고 꿈조차 잃어버린 그에겐 잠자리도 찾을 수 없다.

낯선 골짜기에서 그녀를 잊는 밤은 찬바람도 뜨거운데 바람은 어디로 또 몰려가는 것일까.
사냥꾼의 오두막에 걸린 늑대 가죽이 윙윙 운다.
다시 꿈을 꾸어야 한다.
그의 머리 위를 맴도는 검은 새의 목청 안에 무성한 깜깜한 한나절에서 마구 자란 어둠이 잠을 뚫고 봄꿈은 상처로만 자란다.

세찬 아침 바람이 다시 분다.
갈기갈기 찢긴 하늘 사이로 조각구름들이 나부끼

다 동쪽으로 떼로 몰려가 찬란하게 죽는다.
아침 태양이 흘리는 빛을 그는 따라간다.
더듬어 찍는 발자국마다 수십 년 썩은 기억이 고인다.
얼음과 밤과 공포의 저편을 기웃거리는 걸음도 적요하고 편안하다.

하늘에 뜬 태양은 그를 비켜서 더 고독한 곳으로 기우는데 길가의 이정표는 왜 가여운 젊은이를 외면하는 것일까?
그는 이정표 옆에 선다.
미동도 없이 그가 가리키는 반대 방향으로 사람들은 떠나가고 돌아오지 않는다.
새들은 저무는 햇살들을 주워 모아 허공에 보금자리를 만들어 깃들고, 그가 쉴 곳엔 그가 믿는 신이 먼저 앓아누웠다.

가야 한다, 아무도 외롭지 않은 곳으로.
무정한 그의 지팡이는 조금 더 조금 더 외로운 곳으로 그를 안내한다.
눈은 얼굴을 때리며 뭔가 말하고 노래로만 알아

듣는 그에게 쏟아지는 눈은 권태로운 탄식일 뿐이다.
지친 젊은이는 텅 빈 거리에 겨울나무처럼 서 있다.
오래된 기억 위로 떠오른 태양에서 상한 냄새가 난다.

지저분한 햇빛 아래 노 악사가 손풍금을 탄다.
듣는 이는 아무도 없고 그의 빈 깡통 속엔 개들의 짖는 소리만 쌓인다.
곱은 손가락은 가난한 숲의 나뭇가지, 서로 엉겨 붙은 손마디 마디가 잘못 짚은 허전한 노래에서 찬바람이 빽빽하게 자란다.

나그네는 다가가 손풍금 소리에 맞춰 나직이 노래를 부르고 노인의 차가운 웃음이 그의 뼛속으로 천천히 스며들어온다.
그는 노인의 빈 깡통 속에 동전을 떨어뜨린다.
철거된 자신의 행복했던 과거에도 지불해야 할 비용이 있다면 그의 동전은 뒤에 남겨질 빈 시간을 채울 허무에 대한 보상인 듯 오래도록 깡통 속을 소리로 채운다.

■ 차례

Die Winterreise 겨울 나그네

1. Gute Nacht 안녕	30
해설 - 안녕	34
잃어버린 일기 1	36
2. Die Wetterfahne 풍향기	37
해설 - 풍향기	39
잃어버린 일기 2	41
3. Gefrorne Tränen 얼어붙은 눈물	43
해설 - 얼어붙은 눈물	45
잃어버린 일기 3	47
4. Erstarrung 동결	49
해설 - 동결	52
잃어버린 일기 4	55
5. Der Lindenbaum 보리수	57
해설 - 보리수	60
잃어버린 일기 5	63

6. Wasserflut 넘쳐흐르는 눈물   65
   해설 - 넘쳐흐르는 눈물   67
   잃어버린 일기 6   69

7. Auf dem Flusse 냇물 위에서   71
   해설 - 냇물 위에서   74
   잃어버린 일기 7   76

8. Rückblick 회상   78
   해설 - 회상   81
   잃어버린 일기 8   83

9. Irrlicht 도깨비불   85
   해설 - 도깨비불   87
   잃어버린 일기 9   89

10. Rast 휴식   91
   해설 - 휴식   93
   잃어버린 일기 10   95

11. Frühlingstraum 봄꿈   97
   해설 - 봄꿈   100
   잃어버린 일기 11   102

12. Einsamkeit 고독   104
    해설 - 고독   106
    잃어버린 일기 12   108

13. Die Post 우편마차   110
    해설 - 우편마차   112
    잃어버린 일기 13   114

14. Der greise Kopf 백발   116
    해설 - 백발   118
    잃어버린 일기 14   120

15. Die Krähe 까마귀   122
    해설 - 까마귀   124
    잃어버린 일기 15   127

16. Letzte Hoffnung 마지막 희망   129
    해설 - 마지막 희망   131
    잃어버린 일기 16   133

17. Im Dorfe 마을에서   135
    해설 - 마을에서   137
    잃어버린 일기 17   139

18. Der stürmische Morgen 폭풍의 아침   141
    해설 - 폭풍의 아침   143
    잃어버린 일기 18   145

19. Täuschung 환상   147
    해설 - 환상   149
    잃어버린 일기 19   151

20. Der Wegweiser 이정표   153
    해설 - 이정표   155
    잃어버린 일기 20   158

21. Das Wirtshaus 여인숙   160
    해설 - 여인숙   162
    잃어버린 일기 21   164

22. Mut! 용기   166
    해설 - 용기   168
    잃어버린 일기 22   171

23. Die Nebensonnen 환상의 태양   173
    해설 - 환상의 태양   175
    잃어버린 일기 23   177

24. Der Leiermann 거리의 악사	179
해설 - 거리의 악사	182
잃어버린 일기 24	186
슈베르트의 짧고 불행한 생애	189
슈베르트의 꿈	196
슈베르트의 뒷이야기들	202
슈베르트의 다른 이야기	213
슈베르트의 편지	222
1. 요셉 폰 슈파운에게	224
2. 안젤름 휘텐브레너에게	227
3. 안젤름 휘텐브레너에게	229
4. 레오폴드 쿠펠비저에게	231
5. 형 페르디난트에게	238
6. 쇼버에게	240
7. 아버지와 새어머니에게	243

8. 형 페르디난트에게　　　249

9. 형 페르디난트에게　　　259

10. 프란시스 2세 황제에게　　　264

11. 마리 레오폴디네 파흘러에게　　　266

12. 안젤름 휘텐브레너에게　　　268

13. 프로브스트에게　　　272

14. 요한 밥티스트 앵거에게　　　274

15. 스코트에게　　　276

16. 프로브스트에게　　　278

17. 쇼버에게　　　280

1. Gute Nacht 안녕

Fremd bin ich eingezogen,
Fremd zieh' ich wieder aus.
Der Mai war mir gewogen
Mit manchem Blumenstrauss.
Das Mädchen sprach von Liebe,
Die Mutter gar von Eh' –
Nun ist die Welt so trübe,
Der Weg gehüllt in Schnee.

나는 이방인으로 왔다가
이방인으로 떠나네.
5월은 축복해주었지
수많은 꽃들의 향기로
그녀는 사랑을 맹세하고
그녀의 엄마는 결혼을 약속했지
이젠 그 맹세는 사라졌네
꽃길은 눈 속에 숨어버렸네.

Ich kann zu meiner Reisen
Nicht wählen mit der Zeit:
Muss selbst den Weg mir weisen
In dieser Dunkelheit.
Es zieht ein Mondenschatten
Als mein Gefährte mit,
Und auf den weissen Matten
Such' ich des Wildes Tritt.

언제 떠나야 할지 모르겠네
나의 먼 여행을
내 갈 길을 찾아야 해
어둠 속의 길을
달빛이 던져주는 그림자만이
나와 함께 간다네
하얗게 눈 덮인 풀밭 위로
나는 사슴의 자국을 따라가네.

Was soll ich länger weilen,
Dass man mich trieb' hinaus?
Lass irre Hunde heulen
Vor ihres Herren Haus!

Die Liebe liebt das Wandern,
Gott hat sie so gemacht –
Von einem zu dem andern –
Fein Liebchen, gute Nacht.
왜 나는 더 일찍 떠나지 못하고
쫓겨나는 것일까?
불량 개들은 컹컹 짖네
그들의 주인집 앞에서.
방랑하는 기쁨을 즐겨야지
그것은 나의 숙명이야
이곳에서 저곳으로.
내 사랑 안녕!

Will dich im Traum nicht stören,
Wär' Schad' um deine Ruh',
Sollst meinen Tritt nicht hören –
Sacht, sacht die Türe zu!
Schreib' im Vorübergehen
An's Tor dir gute Nacht,
Damit du mögest sehen,
An dich hab' ich gedacht.

나는 당신의 꿈을 방해하지 않을 거야
당신의 행복을 망쳐서는 안 되지.
당신에게 내 발자국 소리도 들리지 않게
가만, 가만히 문을 닫네.
문을 나가며 나는 쓰네
안녕이라고 문 위에 쓰네
당신이 볼 수 있도록
내가 당신을 잊지 못한다는 것을.

해설 - 안녕

사랑에 버림받은 젊은이는 한밤중에 사랑하는 여인의 집을 떠난다.
그가 택한 길은 어둠 속으로 나 있는 길이다.
그의 동반자는 달그림자뿐이다.
청년의 눈에 비친 달그림자는 자신의 그림자다.
어둠 속에서 본 자신의 그림자는 마음속에 드리워진 내면의 어둠이다.

길 잃은 개들은 집밖에서 짖는다.
개들은 어디서 왔을까?
쫓겨난 그를 향해 왜 개들은 짖어대는가?
주인 없는, 길 잃은 개와 사랑을 잃고 떠나는 젊은이는 이 노래에서 하나의 주체일 것이다.
개들이 그토록 사납게 짖는 이유는 정처 없는 젊은이에게서 갈 곳 없는 자신들의 비참함을 다시 확인하는 것이다.

이제 어둠 속으로 길을 나서는 젊은이는 방랑자

다.

그의 방랑의 첫길은 세상이 푸르게 물들기 시작하는 5월의 꽃 피는 행복했던 회상의 길이다.

그러나 이내 젊은이는 밝고 화사한 기억에서조차 추방되어 어둡고 추운 겨울의 황량한 현실과 마주한다.

슈베르트는 제1곡 안녕을 실의에서 벗어나려는 젊은이의 연약한 마음과 그것을 극복하려는 용기가 교차하는 느낌의 곡을 썼다.

터벅터벅 눈길을 걸어가는 발자국 소리를 연상시키는 피아노가 단조롭고 쓸쓸하게 반주를 시작한다.

4절로 이루어진 유절 형식으로 1절과 2절은 D단조의 반복되는 멜로디가 이어지고, 3절로 가면서 점점 변화하다 4절에서 D장조로 바뀌면서 곡은 끝난다.

잃어버린 일기 1

1824년 3월 25일

슬픔은 이해력을 예민하게 하고 성격을 강하게 한다.
반면 행복은 이해력을 위해 아무것도 하지 않고 성격을 약하게 하거나 경박하게 만들 뿐이다.
자신들이 하는 생각이나 행동들이 최선이라고 믿고, 다른 것들은 아무런 쓸모 없다고 믿으며 많은 비참한 사람들을 만들어내는 편협함을 나는 극도로 혐오한다.

2. Die Wetterfahne 풍향기

Der Wind spielt mit der Wetterfahne
Auf meines schönen Liebchens Haus.
Da dacht' ich schon in meinem Wahne,
Sie pfiff' den armen Flüchtling aus.
바람에 풍향기가 펄럭이고 있네
내 아름다운 연인의 지붕 위에서.
난 망상 속에서 생각했지
바람이 휘파람 불며 가엾은 나를 조롱한다고.

Er hätt' es eher bemerken sollen,
Des Hauses aufgestecktes Schild,
So hätt' er nimmer suchen wollen
Im Haus ein treues Frauenbild.
난 더 빨리 알아봤어야 했네
그 집에 달린 문패를
그랬으면 난 생각하지 않았을 거야
저 집 안에 있는 남이 된 여인을.

Der Wind spielt drinnen mit den Herzen,
Wie auf dem Dach, nur nicht so laut.
Was fragen sie nach meinen Schmerzen?
Ihr Kind ist eine reiche Braut.

바람 속에서 내 심장이 뛰고 있네
지붕에서도, 소리는 조금 약하지만.
왜 그들은 나의 슬픔에 관심을 갖는 걸까?
그 집 아이는 부자 신랑이라네.

해설 - 풍향기

젊은이의 눈에 보이는 그녀의 집 지붕 위 풍향기는 현실의 방향성과는 아무런 관계가 없다.
그것은 그의 방황을 이끄는 어떤 힘이다.
그는 풍향기가 가리키는 바람의 방향에서 자신을 버린 여인의 마음을 읽으려 한다.
그러나 자주 바뀌는 바람의 방향을 보면서 그의 상황에 대한 인식은 혼란스러워진다.
그것은 자신에게 있어 불안한 꿈으로 다가온다.

꿈의 주체는 자신이 아닌 타자일지도 모른다는 생각에 불안한 꿈에 대한 인식은 더욱 강해진다.
젊은이는 풍향기를 바라보며 자신이 쫓겨난 사람이 아닌 도망자라는 생각을 한다.
따라서 제삼자인 그를 집요하게 쫓는 풍향기가 바람에 나풀거리는 소리를 이제는 남의 여자가 된 그녀의 조롱하는 소리로 듣는다.

그는 마침내 바람이 자신을 놀린다고 생각하며 그

의 내면의 감정은 희화화된다.

이는 슈베르트 자신의 연주나 음악에 대한 사람들의 무관심에서 벗어나 스스로 도망하는 자신을 오버랩한 것이다.

젊은이는 풍향기가 흔들리는 그 집이 변심한 여인의 새로운 남자의 집인 줄 몰랐다.

이젠 남이 된 여인을 생각하며 바라보는 그의 심장이 바람 속에서 뛴다.

지붕 위에서도 그의 심장 뛰는 소리가 희미하게 들린다.

슈베르트는 이를 묘사하기 위해 짧고 긴장감 넘치는 멜로디를 택했다.

피아노의 회화적인 반주와 함께 노래의 선율은 굴절이 많고 샘 여림의 변화가 심하다.

같은 가락이 반복되는 절들로 나누어진 유절 형식이 아닌, 시의 내용에 따라 멜로디가 자유롭게 발전되는 통절 형식의 노래다.

잃어버린 일기 2

1824년 3월 27일

아무도 남의 슬픔을 느끼지 못한다.
아무도 다른 사람의 기쁨을 이해하지 못한다.
사람들은 다른 사람들과 가까이 지낼 수 있다고 생각하지만 실제로는 무심히 서로 지나칠 뿐이다.
이를 안다는 것은 얼마나 슬픈 일인가!
내가 작곡한 모든 것들은 음악에 대한 나의 이해와 내 자신의 슬픔에서 태어난 것들이다.
나의 고통에서 태어난 것들이 세상 사람들을 모두 기쁘게 하는 것 같다.

3. Gefrorne Tränen 얼어붙은 눈물

Gefrorne Tropfen fallen
Von meinen Wangen ab:
Ob es mir denn entgangen,
Dass ich geweinet hab'?
얼어붙은 눈물 떨어지네
나의 두 뺨에서
그런데도 난 알지 못했을까
내가 흐느끼고 있었다는 걸?

Ei Tränen, meine Tränen,
Und seid ihr gar so lau,
Dass ihr erstarrt zu Eise,
Wie kühler Morgentau?
눈물아, 내 눈물아
너는 뜨거움을 몰라서
금방 얼음이 되는 거니
차가운 아침 이슬처럼?

Und dringt doch aus der Quelle
Der Brust so glühend heiss,
Als wolltet ihr zerschmelzen
Des ganzen Winters Eis.
하지만 눈물은 뜨겁게 솟아오르네
나의 심장 속 깊은 샘으로부터
마치 녹여버리려는 듯
겨울의 모든 얼음들을.

해설 - 얼어붙은 눈물

젊은이는 자신이 울고 있다는 것을 모른다.
그는 무감각의 상태에 빠져 있다.
사람들은 자신이 울고 있다는 것을 모르는 경우가 많다.
그것은 어떤 감정이 너무나 강렬하여 다른 것은 느끼지 못하는 상태다.
이는 내부와 외부의 문제이기도 하다.

젊은이가 방랑하는 세상은 모든 것이 얼어붙어 있다.
뺨에 흐르는 눈물도 얼어붙었다.
그의 눈에 비치는 얼어붙은 외부의 세계는 무감각한 자신의 내부 현실의 반영이다.
하지만 젊은이는 이를 인정하려 하지 않는다.
그의 마음은 세상의 모든 얼어붙은 것들을 녹여버릴 만큼 뜨겁게 끓어오르기 때문이다.

외부의 세계는 그의 감정의 이미지를 반영하지 않

을 뿐 아니라 얼음은 그의 내면의 고통을 감각적으로 느끼게 한다.
이제 젊은이는 외부의 세계와 자신의 고통을 동일시하면서도 외부의 고통에 점점 무감각해져 간다.

통절 형식의 노래로 단순한 피아노 반주와 애조 띤 멜로디는 사랑에 배신당한 젊은이의 등을 목적지도 없이 떠민다.
얼어붙은 세상의 길 밖으로 그를 끊임없이 몰아내는 피아노 반주가 뚜벅뚜벅 멀어져 간다.

잃어버린 일기 3

1824년 3월 28일

단 한 걸음만으로 숭고한 것들과 어리석은 것들이 나뉘고 끔찍한 어리석음에서 위대한 현명함을 찾아낼 수 있다.
인간은 신념으로 무장하고 세상에 왔다.
신념은 지식과 이해보다 훨씬 더 우위에 있다.
걸음으로 한 가지를 이해하기 위해선 무엇보다 먼저 그걸 믿어야 한다.
신념은 지성이 약한 사람이 확신의 기둥을 그 안에 먼저 세우는 높은 토대이다.
이성은 분석된 믿음에 불과한 것이다.

4. Erstarrung 동결

Ich such' im Schnee vergebens
Nach ihrer Tritte Spur,
Wo sie an meinem Arme
Durchstrich die grüne Flur.
헛되이 나는 찾네
눈 속에서 그녀의 발자국을
그녀가 내 팔 위를 걸어간 곳
푸른 풀밭을 지나.

Ich will den Boden küssen,
Durchdringen Eis und Schnee
Mit meinen heissen Tränen,
Bis ich die Erde she'.
나는 눈 위에 입맞춤을 하리
그리고 얼음과 눈을 뚫으리
내 끓어오르는 눈물로
대지가 보일 때까지.

Wo find' ich eine Blüte,
Wo find' ich grünes Gras?
Die Blumen sind erstorben,
Der Rasen sieht so blass.
어디에 가면 꽃이 있을까?
어디에 가면 푸른 풀을 만날까?
꽃들은 시들어 사라졌고
풀들은 창백하게 말랐네.

Soll denn kein Angedenken
Ich nehmen mit von hier?
Wenn meine Schmerzen schweigen,
Wer sagt mir dann von ihr?
나는 무엇을 얻을 것인가
여기엔 아무런 추억이 없는데?
나의 슬픔이 고요해질 때
누가 그녀의 소식을 전해줄까?

Mein Herz ist wie erstorben,
Kalt starrt ihr Bild darin:
Schmilzt je das Herz mir wieder,

Fliesst auch ihr Bild dahin.
내 심장이 멈춘 것 같네
그녀가 심장 속에서 차갑게 얼었네
다시 내 심장이 언젠가 녹는다면
그녀의 모습도 흘러나오겠지.

해설 - 동결

젊은이는 기억 깊은 곳에 아직 자리하고 있는 심리적 트라우마에 사로잡혀 그녀와 함께 지나온 흔적을 되돌아본다.
그녀가 영영 사라질까 봐 불안한 것이다.
기억은 과거의 강렬한 감정의 순간과 함께 찾아온다.
그녀와 손잡고 걸었던 꽃길의 아름다운 모습과 향기는 이젠 더 이상 그가 직접 느끼는 대상이 아니다.
자신의 손을 잡고 걸었던 그 순간도 그에겐 그녀라는 이름으로만 존재한다.

그의 흐릿한 기억을 뚜렷하게 할 수 있는 것은 그것을 생각나게 하는 순간의 멈춤이나 어떤 무엇이 필요하다.
그녀와 걸었던 눈 덮인 길에서 그녀의 발자국을 찾는다.
그녀를 이끌고 걸었던 푸른 풀밭을 떠올리면 그의

팔은 그녀가 걸어간 길이 된다.

그녀가 걸어간 길 위에서 입을 맞추는 그의 눈에서 눈물이 떨어진다.
그리고 얼음과 눈을 뚫는다.
뜨거운 눈물은 흐르고 흘러 얼음을 뚫고 대지가 보일 때까지 멈추지 않는다.
젊은이는 눈을 들어 하늘을 본다.
어디에 가면 꽃이 있을까?
어디에 가면 푸른 풀을 만날까?
사방에 보이는 시든 꽃들과 창백하게 말라버린 푸른 풀들에서 젊은이는 사랑하는 사람의 모습을 더 이상 떠올릴 수 없다는 불안감을 느낀다.
그녀는 그의 마음속에서 차갑게 얼어붙어 있는 것이다.
젊은이는 그녀의 얼어붙은 이미지에 자신이 불어넣는 감정을 결핍이 아닌 무감각의 상태로 경험한다.

피아노의 반주가 매우 아름답지만 셋잇단음이 끊임없이 이어지며 젊은이의 불안한 마음을 묘사한다.
노래의 낮은 음역과 높은음에서의 아름다운 멜로디는 다시 못 올 옛 시절을 떠올리게 한다.
단조의 선율이 감정의 기복을 심하게 나타내는 통절 형식의 노래다.

잃어버린 일기 4

1824년 3월 29일

상상력은 인간의 위대한 보물이며 예술과 배움이 와서 마셔도 마르지 않는 셈이다.
오, 우리와 함께 있어 주소서!
비록 소수의 사람들이 그 혜택을 받고는 있지만 그렇게만 해준다면 우리는 이른바 계몽이라 하는 피도 살도 없는 그 무서운 해골로부터 보호받을 수 있을 것이다.

5. Der Lindenbaum 보리수

Am Brunnen vor dem Tore,
Da steht ein Lindenbaum;
Ich träumt' in seinem Schatten
So manchen süssen Traum.
성문 앞 샘물 곁에
서 있는 보리수
그 그늘 안에서 난 꿈을 꾸었네
많은 달콤한 꿈을 꾸었네.

Ich schnitt in seine Rinde
So manches liebe Wort;
Es zog in Freud' und Leide
Zu ihm mich immer fort.
나무에 새겨두었네
많은 사랑의 말들을
기쁠 때나 슬플 때나
나는 나무를 찾아왔네.

Ich musst' auch heute wandern
Vorbei in tiefer Nacht,
Da hab' ich noch im Dunkel
Die Augen zugemacht.

이젠 떠나야 하네
한밤중에 나무를 지나서
깜깜한 어둠 속에서도
나는 눈을 뜨지 못하네.

Und seine Zweige rauschten,
Als riefen sie mir zu:
Komm her zu mir, Geselle,
Hier findst du deine Ruh'!

나뭇가지들이 살랑거리네
나를 부르고 있는 듯
내게 오소, 친구여
이곳이 그대가 쉴 자리네!

Die kalten Winde bliesen
Mir grad' in's Angesicht,
Der Hut flog mir vom Kopfe,

Ich wendete mich nicht.
차가운 바람은 불어와
내 얼굴을 때리네,
모자는 벗겨져 날아가는데
나는 돌아보지 않았네.

Nun bin ich manche Stunde
Enfernt von jenem Ort,
Und immer hör' ich's rauschen:
Du fändest Ruhe dort!
수많은 시간을 헤매고 다녔어도
보리수나무를 떠나,
아직도 나뭇가지들이 살랑거리네
이곳이 내가 쉴 자리라고.

해설 – 보리수

사랑하는 그녀는 사라졌지만 젊은이는 자주 찾던 보리수나무에서 행복했던 시절의 세부적인 것을 기억해 낸다.
나무와 관련된 구체적인 순간을 넘어 나무에게서 자신의 경험과 관련된 이야기를 듣는다.
그 이야기는 나무 아래서 달콤한 꿈을 꾸었고 그가 나무껍질에 새긴 이야기, 사랑의 말에서 노래를 듣는 사람들은 무슨 일이 있었는지 궁금하게 한다.

젊은이는 어젯밤 나무 아래를 지나쳐 왔다.
나무를 보지 못했지만 나무가 속삭이는 소리를 들었다.
나무의 소리는 필경 바람에 나뭇잎이 살랑거리는 소리였을 텐데 때는 한겨울로 보리수 나뭇잎들은 없다.
그러므로 그가 들었던 나무의 속삭이는 소리는 자신의 내면의 과거에 대한 희망의 울림이다.

바람이 세게 불어 모자가 날아갔어도 젊은이는 다시 집으려 하지 않는다.
모자를 집으려면 뒤돌아보아야 한다.
과거를 돌아본다는 것은 지금 나무 밑에서 쉴 수 있는 현재를 부정하는 일이다.
현재의 부정은 잠시 나무의 유혹을 벗어나는 일이다.
나무의 유혹에 빠지는 것은 현실의 도피로부터 환상을 꿈꾸는 기회를 얻는 일이다.
그러므로 그가 눈을 감는 것은 세상의 현실, 그가 꿈꾸지 못했던 지금의 현실에 눈을 뜨는 일이다.
그의 여정의 영원한 결말을 향해 떠나야 한다는 결심이다.

슈베르트는 젊은이가 그의 여정의 영원한 안식처를 향해 떠나는 결심을 하는 장면을 한없이 아름다운 멜로디로 그려낸다.
피아노 반주는 잔바람에 나뭇잎이 흔들리듯 가벼운 터치로 묘사한다.
제2절의 중간 부분에서 곡은 단조로 변조가 되고, 3절의 뒷부분에서는 격렬하게 바람이 휘몰아치는

피아노의 반주가 이어진다.
여러 형태로 바뀌는 변형유절 형식의 노래다.

잃어버린 일기 5

날짜가 없는 한밤 2시에

부러운 내로여,
당신은 부패한 사람들을 현악기 소리와 노래로
파괴할 만큼 강하구나!

6. Wasserflut 넘쳐흐르는 눈물

Manche Trän' aus meinen Augen
Ist gefallen in den Schnee:
Seine kalten Flocken saugen
Durstig ein das heisse Weh.
내 눈에서 눈물이 흘러넘쳐
눈 위로 떨어져 흐르네
차가운 눈은 눈물을 빨아들여
목마른 듯 내 뜨거운 고통을 마시네

Wenn die Gräser sprossen wollen,
Weht daher ein lauer Wind,
Und das Eis zerspringt in Schollen,
Und der weiche Schnee zerrinnt.
새싹이 돋아나는 봄이 오려면
부드러운 바람이 불어오겠지
얼음은 부서져 산산이 흩어지겠지
부드러운 눈도 녹아 없어지겠지

Schnee, du weisst von meinem Sehnen;
Sag', wohin doch geht dein Lauf?
Folge nach nur meinen Tränen,
Nimmt dich bald das Bächlein auf.
눈이여, 너는 내 그리움을 알지
말해다오, 너는 어디로 가는 거니?
눈아 내 눈물을 따라가면
이내 조그만 시냇물에 다다를 거야

Wirst mit ihm die Stadt durchziehen,
Muntre Strassen ein und aus;
Fühlst du meine Tränen glühen,
Da ist meiner Liebsten Haus.
냇물과 함께 흘러 마을을 지나갈 거야
거리에서 유쾌한 소리 들리는 곳
반짝이는 내 눈물이 보이는 그곳
그곳이 내 사랑하는 그녀의 집이라네

해설 - 넘쳐흐르는 눈물

이 노래는 그 단순함 속에 젊은이의 복잡한 심경을 효과적으로 묘사한다.
단순한 가사의 운율은 젊은이의 내면의 진실을 드러내는 것이다.
그는 하얀 눈을 바라보면서 순백의 슬픔을 본다.
그것은 눈이 슬픔을 흡수하고 반사하는 하얀 빛이다.

그의 슬픔은 뜨겁다.
그러므로 눈과 슬픔은 양립할 수 없음을 말한다.
그의 뜨거운 눈물은 갈망이고 하얀 눈은 그의 갈망이 무엇인지 안다.
그래서 눈은 그의 눈물에 스스로 녹아서 갈망과 합세하여 눈물의 홍수로 흐른다.

눈물은 그대로 흘러내리지만 그의 마음은 그대로 따라서 흐르지는 않는다.
그의 눈물의 근원지를 단순히 눈이 녹아 흐르는

시냇물의 원천으로만 보기 어렵다.
그의 정신의 깊은 곳에서 솟아나는 눈물은 눈과 합세하여 흐르다 식어가지만 그녀의 집이 있는 마을 근처를 흐를 땐 다시 뜨거워지기 때문이다.
이는 젊은이가 여전히 그가 떠나온 집, 그녀와 함께 행복했던 집에 아직 갇혀 있는 자신을 발견하고 있음을 뜻한다.

이 노래는 『겨울 나그네』 24곡 전곡 중에서도 가장 슬픈 멜로디로 되어 있어 우리나라 사람들이 좋아하는 노래다.
따라서 제목도 애절한 선율에 맞게 '넘쳐흐르는 눈물'로 의역이 되어 있지만 실제로 '홍수'라고 해야 옳다.
앞의 보리수에서 들었던 안식과 휴식을 연상시키는 따뜻한 여운과 대비되는 침울하고 무거운 노래다.

피아노의 단순한 반주가 노래를 더욱 깊은 우울 속으로 빠져들게 한다.
아주 단순한 2절 형식으로 되어 있지만 그 단순함 이상의 어두운 울림을 주는 노래다.

잃어버린 일기 6

1816년 6월 13일

밝고, 맑고, 사랑스런 오늘 같은 날은 나의 남은 생애 동안 나를 괴롭힐 것이다.
멀리서 부드럽게 들려오는 모차르트의 마술 같은 음악은 평생 내 귀를 떠나지 않을 것이다.

-모차르트 공연을 듣고 나와서 부분

7. Auf dem Flusse 냇물 위에서

Der du so lustig rauschtest,
Du heller, wilder Fluss,
Wie still bist du geworden,
Gibst keinen Scheidegruss.
유쾌하게도 재잘거리며 흐르네
맑고 활기찬 냇물이여
너는 잘도 흐르는구나
아무런 작별 인사도 없이

Mit harter, starrer Rinde
Hast du dich überdeckt,
Liegst kalt und unbeweglich
Im Sande ausgestreckt.
단단하고 거친 껍질로
너는 너 자신을 감쌌구나
너는 차갑고 냉정한 척
모래 위를 힘차게 흐르는구나

In deine Decke grab' ich
Mit einem spitzen Stein
Den Namen meiner Liebsten
Und Stund' und Tag hinein:
물 위에 나는 새기네
날카로운 돌로
내 사랑하는 그녀의 이름을,
즐거웠던 시간과 날들을.

Den Tag des ersten Grusses,
Den Tag, an dem ich ging,
Um Nam' und Zahlen windet
Sich ein zerbrochner Ring.
우리가 처음 인사를 하던 날과
내가 떠나던 날을 쓰네.
그녀의 이름과 얼굴을 에워싸고
부서진 반지가 어지러이 떠도네

Mein Herz, in diesem Bache
Erkennst du nun dein Bild?
Ob's unter seiner Rinde

Wohl auch so reissend schwillt?
나의 가슴아, 너는 이제 알겠지
저 냇물 속에 보이는 너의 모습을?
얼음 아래 잔잔한 물결이 아닌
소용돌이치는 물결 같은 너의 모습을?

해설 – 냇물 위에서

꽁꽁 얼어붙은 냇물 위에 앉아 젊은이는 얼음 아래 흐르는 시냇물 소리를 듣는다.
흐르는 물은 그냥 흐를 뿐이지만 그는 자기가 듣고 싶은 소리로 듣는다.
그의 내면의 고통이 너무 커서 사물을 객관적으로 들을 수 있는 감각을 잃어버린 것이다.
냇물이 중얼거리는 소리는 바로 자신이 중얼거리는 소리고, 그걸 다시 냇물이 흐르는 소리로 들음으로써 현실로 확인한다.

젊은이가 이 연가곡에서 자신의 말을 새기는 부분들이 나온다.
맨 처음 그녀의 집을 떠나올 때 문 위에 '안녕'이라고 썼고, 보리수나무껍질에 사랑의 말을 새겼다.
그리고 지금 얼어붙은 냇물의 얼음장 위에 낙서를 새기며 자신만의 행복했던 시절로 돌아간다.
이는 자신과의 진정한 소통일 수도 있다.
그가 그녀에게 사랑을 배신당한 이유는 어쩌면 평

소 타인과의 소통에 서투르기 때문이었을 수도 있다.

뮐러의 시엔 사랑을 연결해 주는 수단으로서 냇물이 자주 등장한다.
노랫말을 쓴 뮐러는 실제 군 복무를 하던 중 유부녀와 사랑에 빠지고 그 일로 인해 군에서 쫓겨난 일이 있었다.
누구에게도 말하지 못했던, 당시 사회적으로 용납이 되지 않은 아픈 사랑을 경험한 뮐러가 젊은이를 통해 자신의 말을 문 위에, 나무껍질 위에, 냇가의 얼음장에 썼을 것이다.
그리고 제7곡 '냇물 위에서'의 낙서는 자신만이 아는 비밀스러운 이야기일지도 모른다.

조바꿈이 많아 음정 기복이 많은 노래다.
피아노 반주는 음울한 장송행진곡 풍으로 시작하고 변화가 중간중간에 많아 극적인 효과를 주는 통절 형식의 노래다.

잃어버린 일기 7

1816년 6월 14일

몇 달 만에 밖에 나와 저녁 산책을 했다.
뜨거운 여름 해가 지고 난 후 푸른 초원을 거니는 것보다 더 즐거운 것은 없다.
교회 뒤의 숲이 하늘에 계신 어머니를 생각나게 했다.
동생과 우울한 이야기를 주고받으며 걸어 되블링 숲까지 왔다.
쳐다보니 하늘에 있는 우리 집도 보였다.

* 슈베르트의 어머니는 슈베르트 10대 후반 세상을 떠남.

8. Rückblick 회상

Es brennt mir unter beiden Sohlen,
Tret' ich auch schon auf Eis und Schnee,
Ich möcht' nicht wieder Atem holen,
Bis ich nicht mehr die Türme she'.
내 발바닥이 불타고 있네
얼음과 눈 위를 지나왔는데도,
다시 숨을 쉬지 말았으면
마을의 종탑들이 보이지 않을 때까지.

Hab' mich an jeden Stein gestossen,
So eilt' ich zu der Stadt hinaus;
Die Krähen warfen Bäll' und Schlossen
Auf meinen Hut von jedem Haus.
난 작은 돌에도 걸려 넘어졌네
그렇게 마을을 허겁지겁 떠나왔네
까마귀가 눈덩이와 우박들을 던지네
지붕마다 앉아 내 모자 위로 던지네.

Wie anders hast du mich empfangen,
Du Stadt der Unbeständigkeit!
An deinen blanken Fenstern sangen
Die Lerch' und Nachtigall im Streit.
나를 이렇게도 푸대접을 하는구나
변덕스런 마을이여!
마을의 빛나는 유리창마다
종달새와 나이팅겔이 시새워 우네.

Die runden Lindenbäume blühten,
Die klaren Rinnen rauschten hell,
Und ach, zwei Mädchenaugen glühten! –
Da war's geschehn um dich, Gesell!
둥근 보리수나무들은 꽃을 피우고
맑은 샘물들은 유쾌하게 흐르는데
아, 여인의 눈동자들도 반짝이는데, 그런데
친구여, 너의 운명은 꺼져버렸구나.

Kommt mir der Tag in die Gedanken,
Möcht' ich noch einmal rückwärts sehn,
Möcht' ich zurücke wieder wanken,
Vor ihrem Hause stille stehen.
그날이 마음속에 떠오르면
나는 한 번 더 돌아볼 거야
그리고 비틀거리며
그녀의 집 앞에 서 있겠지.

해설 - 회상

젊은이는 과거를 돌아보면서 이젠 과거와 조금의 단절을 이루었다는 생각에 잠시 안도감을 찾는다.
하지만 과거와의 거리감을 느끼려 할수록 과거는 고통스러운 현재로 존재한다.
시간의 연속성은 사람의 관습과는 다르다.
사람이 어떤 일을 회상할 때 시간은 그대로 흐르지 않는다.
과거에 대한 인식은 불투명한 현재의 심리적 연관성의 흐름이기 때문이다.

보기 싫어 도망쳐 온 마을과, 그녀의 집 지붕과 보리수나무에 대한 그의 회상은 지금 그가 한 말과 일관성이 없음을 알 수 있다.
그때의 시간과 지금의 시간은 흐르는 방식이 다르기 때문이다.
그 도시에 대한 기억과 보리수나무에 대한 생각은 그것들이 더 이상 보이지 않을 때까지, 생각나지 않을 때까지 도망치고 싶다는 의미다.

이는 과거와 소망 사이에는 모순이 있을 수밖에 없다는 것을 젊은이는 스스로에게 선언하고 있는 것이다.

우리가 사회에 갖는 일반적인 상식과 지식만으로 젊은이의 말을 신뢰할 수 없는 것은 노래가 들려주는 것들이 객관적인 신호나 상징어가 아니고 그의 심리적인 언어라는 인식이 들기 때문이다.
눈덩이를 던지는 까마귀, 그를 괄시하는 까마귀, 함께 창틀에 앉아 노래하는 종달새와 나이팅게일은 그의 마음의 창을 통해서만 볼 수 있는 것들로 그가 끝없는 여정에서 느끼는 심리적 변덕스러움과 그 자신의 현실 사이의 모순을 보여준다.

초조한 기분으로 시작하는 피아노 반주는 젊은이의 생각하고 싶지 않은 것들에 대한 회고를 반박이라도 하는 듯 격하게 시작된다.
끝부분이 세도막 형식으로 변화되는 노래는 중간부분의 G장조에 와서 과거의 행복한 시절을 회상하는 듯 부드럽게 노래한다.

잃어버린 일기 8

1816년 6월 16일

타고난 기질과 교육에 의해 인간의 마음과 이해의 방향은 결정된다.
마음은 지배자다.
정신은 마음을 따라야 한다.

9. Irrlicht 도깨비불

In die tiefsten Felsengründe
Lockte mich ein Irrlicht hin:
Wie ich einen Ausgang finde
Liegt nicht schwer mir in dem Sinn.
깊은 바위틈에서
도깨비불이 나를 유혹하네
어떻게 길을 찾아야 할지
몰라도 난 아무렇지도 않네.

Bin gewohnt das Irregehen,
S führt ja jeder Weg zum Ziel:
Unsre Freuden, unsre Leiden,
Alles eines Irrlichts Spiel!
나는 방황하는데 익숙해서
모든 길이 한 곳으로 이끄네
기쁨과 슬픔은 함께라네
모든 것이 도깨비의 장난이라네.

Durch des Bergstroms trockne Rinnen
Wind' ich ruhig mich hinab –
Jeder Strom wird's Meer gewinnen,
Jedes Leiden auch sein Grab.

산골의 마른 실개천을 따라 아래로
나는 천천히 길을 찾아간다네
모든 강물이 바다로 흘러가듯
모든 슬픔도 그 무덤에 다다르겠지.

해설 – 도깨비불

젊은이는 밤길을 간다.
바위투성이의 산길을 밤에 걸어 본 사람은 한 번쯤은 도깨비에 관해 생각해 봤을 것이다.
많은 사람들은 도깨비를 미신이라 여긴다.
노래 제목 'Irrlicht'에서 접두어 irr(irren)는 길을 잃다 뜻을 가지고 있다.
야간에 길을 잃는 경우는 대부분 두 가지 이유에서다.
하나는 어둠 속에서 시각적으로 길을 찾지 못하는 것이고, 다른 하나는 어둠이란 두려움에 이끌리는 심리적 요인이다.

그러나 노래에서 젊은이가 도깨비불을 보는 것은 위의 두 가지로 설명이 되지 않는다.
그는 울퉁불퉁한 밤의 산길을, 눈 덮인 밤길을 걷는 것에 편안함을 느끼기 때문이다.
어둠에 싸인 험한 산길에서 오직 나아갈 길을 찾는 일은 과거의 행복과 현재의 불행, 그리고 미래의 불안으로부터의 자신을 차단하는 심리적 요인이다.
따라서 육체적 고통만이 따르는 어두운 밤길은 오히려 그의 마음을 편하게 한다.
그는 어둠을 두려워하지 않고 정신만 차리고 있으면 길은 잃지 않는다고 자신에게 선언한다.
그가 정작 두려워하는 것은 기쁨과 슬픔이 도깨비의 장난이라는 것이다.
슬픔에 잠겨 있는 그에게 도깨비가 수작을 걸고 있음을 그는 안다.

젊은이는 그것이 도깨비의 장난임을 알고 있기에, 그가 살아온 삶 전체에서 믿을 수 없는 일들을 경험했기에 그가 길을 잃는 일은 편안함의 게임 그 이상도 이하도 아니라고 생각한다.
그의 길은 두려움도, 모든 설움도 평등하게 흘러가는 안식처인 묘지가 있기 때문이다.

짧지만 대단히 인상적이고 대담한 노래다.
비틀거리는 듯 꿈틀거리는 멜로디와 넓은 음역에서의 도약은 다른 이색적인 느낌을 준다.

잃어버린 일기 9

1816년 6월 16일

진정한 친구를 가진 사람은 행복하다.
자신의 아내에게서 진정한 친구를 찾은 사람은 더 행복하다.
오늘날 자유인에게 결혼은 끔찍한 일이다.
결혼은 사람을 우울하게 하거나 바보로 만든다.

10. Rast 휴식

Nun merk' ich erst, wie müd' ich bin,
Da ich zur Ruh' mich lege;
Das Wandern hielt mich munter hin
Auf unwirtbarem Wege.
이제 난 쓰러져 쉬어야 할 것 같네
얼마나 피곤한지 난 안다네.
걸을 땐 난 기분이 좋았지
험악한 길 위에서도.

Die Füsse frugen nicht nach Rast,
Es war zu kalt zum Stehen,
Der Rücken fühlte keine Last,
Der Sturm half fort mich wehen.
내 발은 쉬지도 못했으니
너무나 차가워져 서 있기도 힘드네.
등은 무게조차 느끼지 못하고
나는 눈보라에 밀려 앞으로 나갈 뿐이네.

In eines Köhlers engem Haus
Hab' Obdach ich gefunden;
Doch meine Glieder ruhn nicht aus:
So brennen ihre Wunden.
숯 굽는 비좁은 오두막 안에서
쉴 곳을 찾았네.
하지만 팔다리가 쉴 수가 없네
상처들이 심하게 쑤셔서.

Auch du, mein Herz, in Kampf und Sturm
So wild und so verwegen,
Fühlst in der Still' erst deinen Wurm
Mit heissem Stich sich regen!
너, 나의 가슴, 사나운 날씨와 폭풍 속에서
거칠고 용맹하던 가슴이여
고요한 이곳에서도 너는 적의가 솟나보구나
쿡쿡 치르는 맹렬한 고통으로.

해설 – 휴식

젊은이는 육체의 고통으로 정신의 고통으로부터 벗어나려 했지만 일부러 그런 것은 아니었다.
혹독한 추위 속에서도 그의 걸음은 계속해 나아갔다.
때로는 몰아치는 찬바람과 쏟아붓는 빗줄기가 그의 정신을 강하게 하기도 했지만 그의 고통의 본질은 변함이 없다.
그래서 그는 계속해서 방랑의 길을 나아가야 했다.

그가 지금 느끼는 근육과 발의 고통은 참을 수 있지만 내면의 고통은 견딜 수가 없다.
숯을 굽는 빈 오두막에 앉아 아픈 사지와 몸뚱이를 숯가마에 넣어 불태운다.
그러나 그를 따라다니는 그의 정신적 고통은 불에 타지 않고 더욱 또렷해진다.

젊은이는 다리의 근육에 꿈틀거리며 느껴지는 고

통이 차라리 벌레(Ein Wurm)가, 독을 가진 벌레가 되어 뜨거운 침으로 자신의 정신적 고통을 찔러 사라지게 하길 바란다.
만약 그가 잠을 이루지 못한다면 그의 불안은 꿈에서 다시 나와 그를 괴롭힐 것이기 때문에 오두막에서의 휴식은 진정한 휴식이 아닌 고통의 연속이다.

그러나 그에게 조금이나마 위안이 되는 것은 그가 인식하든 하지 못하든 감각이 없는 등의 짐이다.
등의 짐은 그의 배낭일 수도 있고 그의 정신적 고통일 수도 있다.
등에 진 짐의 무게에 대한 감각도 없이 바람이 밀리는 젊은이는 모든 고통으로부터의 해방 혹은 구원을 잠시나마 느낀다.

변화가 다른 곡들에 비해 거의 없는 평탄한 멜로디가 이어지는 2절의 유절 가곡이다.

잃어버린 일기 10

1816년 6월 16일

오늘날의 군주들이여, 당신들은 이것을 보고도 침묵하는가!
아니면 그것이 보이지 않는가?
그렇다면 신이시여, 우리의 감각을 베일로 덮으소서. 그리고 우리의 감각을 망각의 강에 담그소서. 그렇지만 바라건대 한 번이라도 그 베일을 벗겨주소서.

* 슈베르트가 형에게 쓴 편지에서도 '검은 베일'이란 말이 나오는데, 검은 베일이란 세상의 모든 부조리를 뜻함.

11. Frühlingstraum 봄꿈

Ich träumte von bunten Blumen,
So wie sie wohl blühen im Mai,
Ich träumte von grünen Wiesen,
Von lustigem Vogelgeschrei.
나는 밝은 꽃들을 꿈꾸었네
5월에 핀 꽃들을
나는 푸른 풀밭을 꿈꾸었네
새가 유쾌하게 지저귀는 소리들도.

Und als die Hähne krähten,
Da ward mein Auge wach;
Da war es kalt und finster,
Es schrieen die Raben vom Dach.
그리고 수탉들이 울 때
나의 눈은 떠졌네
밖은 차갑고 어두웠지
까마귀들이 지붕에서 울었네.

Doch an den Fensterscheiben
Wer malte die Blätter da?
Ihr lacht wohl über den Träumer,
Der Blumen im Winter sah?
하지만 그곳, 유리창들 위에
누가 나뭇잎들을 그렸을까?
그대는 꿈꾸는 사람을 비웃는 것인가
겨울에 꽃들을 보았다고?

Ich träumte von Lieb' um Liebe,
Von einer schönen Maid,
Von Herzen und von Küssen,
Von Wonne und Seligkeit.
난 서로 사랑하는 꿈을 꾸었네,
사랑스런 여인과,
껴안고 키스하는 꿈을
황홀한 꿈을 꾸었네.

Und als die Hähne krähten,
Da ward mein Herze wach;
Nun sitz' ich hier alleine

Und denke dem Traume nach.
그리고 수탉들이 울 때
나의 가슴은 깨어났네
지금 난 여기에 홀로 앉아
나의 꿈을 회상하고 있네.

Die Augen schliess' ich wieder,
Noch schlägt das Herz so warm.
Wann grünt ihr Blätter am Fenster?
Wann halt' ich mein Liebchen im Arm?
나는 다시 눈을 감고,
가슴은 아직 따뜻하게 뛰네.
내 창문에 그려진 잎들아, 너는 언제 푸를까?
내가 내 사랑을 품에 안을 때 푸를까?

해설 - 봄꿈

젊은이가 생생한 꿈에서 깨어나는 순간 자신이 꿈꿨던 것들이 눈에 들어오는 현실에 도전한다.
그는 깨어나 있지만 꿈을 아직 꾸고 있다.
아니 그는 그 꿈을 다시 꾸려고 한다.
그러나 이 모든 것들이 꿈이 아닌 현실이라는 것을 깨달았을 때도 그는 여전히 깨어 있는 상태를 의심한다.
즉, 그는 깨어 있거나 깨어 있는 자신을 스스로 믿지 않는 상태에 있는 것이다.
그가 꿈속에서 본 것들이 그의 신체적 감각을 통해서인지, 과거의 기억을 불러온 것인지의 판별은 까마귀의 불길한 울음으로 명확하게 확인된다.
그리고 그는 그의 마음이 완전히 깨어나 환상과 암울한 현실 사이의 감정적 차이를 인정하고 싶어 한다.

현실 속에서 그의 위치는 행복한 꿈과, 주변의 얼어붙은 풍경에 반영되는 자신의 모습과, 내면에서 끓어오르는 격정으로 대비됨으로써 분명해진다.
그는 따뜻한 봄의 빛을 꿈꾸었지만 깨어난 현실은 추운 겨울 속이다.
화려한 꽃과 푸른 초원을 꿈꿨지만 창문에 얼어붙은 얼음을 보았고, 즐겁게 노래하는 새들을 꿈속에서 보았지만 깨어나 까마귀들의 울음소리를 듣는 꿈과 현실의 강렬한 대조는 자신이 바라는 꿈이 현실화되기를 더욱 갈망하게 한다.
아름다운 꽃들과 푸른 초목이 사라진 세상에 깨어나 눈을 뜬다는 것은 그가 바라는 사랑과 행복이 이제껏 허황된 꿈이었다는 것을 확인시켜 줄 뿐이다.

피아노의 가벼운 전주에 노래가 이끌려 나온다.
겨울 나그네 중에서 가장 밝은 곡이다.
그러나 후반으로 오면서 다시 암울한 분위기로 돌아오는 2절의 유절 형식의 노래다.

잃어버린 일기 11

1816년 6월 16일

사람은 그대로 내버려둬야 한다.
무엇이 되도록 강요해서는 안 된다.

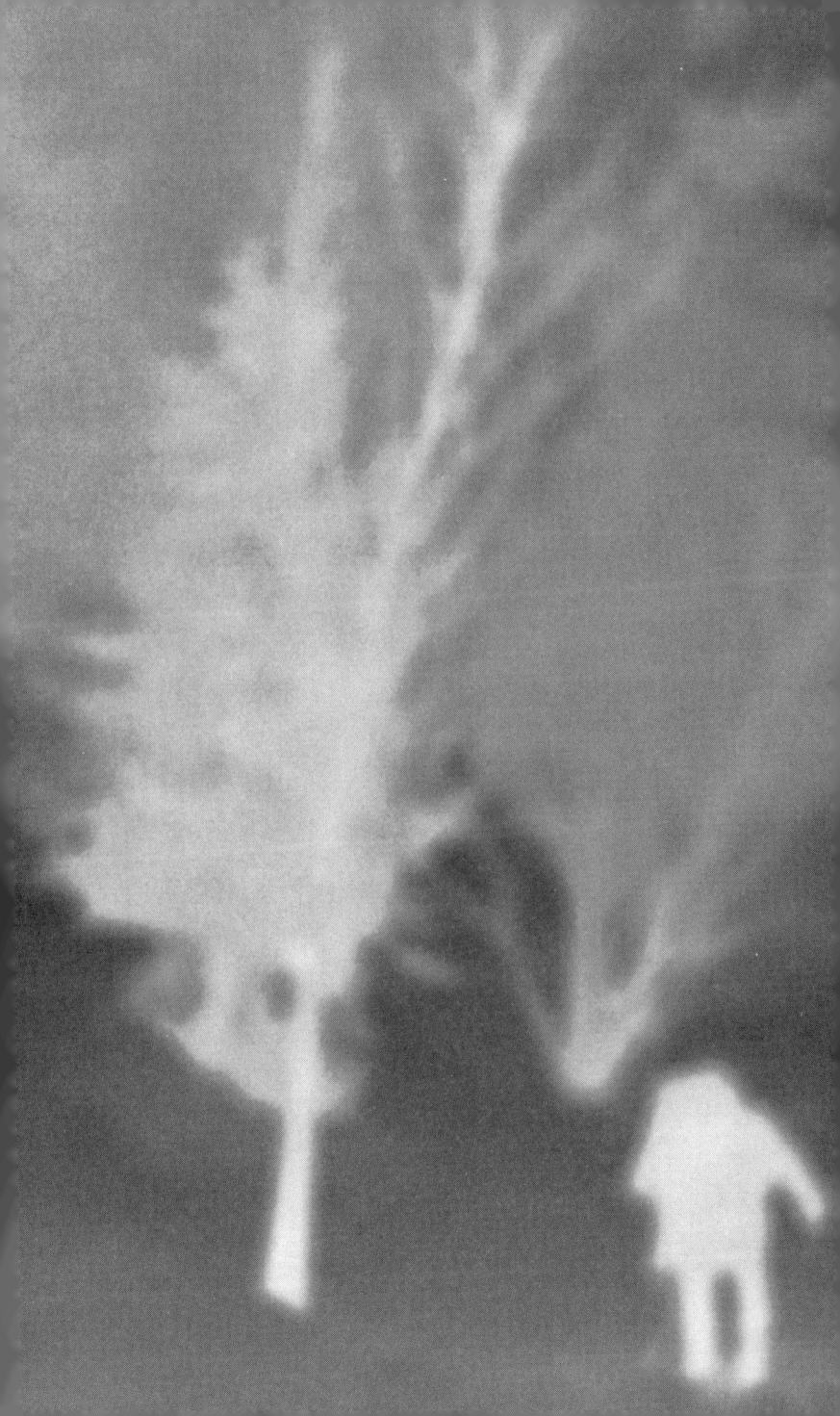

12. Einsamkeit 고독

Wie eine trübe Wolke
Durch heitre Lüfte geht,
Wenn in der Tanne Wipfel
Ein mattes Lüftchen weht:
어두운 구름 하나
맑은 하늘에 떠가듯
전나무 꼭대기에서
살랑 바람 불 때

So zieh' ich meine Strasse
Dahin mit trägem Fuss,
Durch helles, frohes Leben,
Einsam und ohne Gruss.
그렇게 나는 나의 길을 가네
피곤한 걸음을 이끌며
밝고 즐거운 세상을 지나
반겨주는 이 없이 홀로 가네.

Ach, dass die Luft so ruhig!
Ach, dass die Welt so licht!
Als noch die Stürme tobten,
War ich so elend nicht.
아, 공기는 너무나 평온하고
아, 세상은 너무나 밝구나
폭풍은 몰아치고 있었어도
나는 그렇게 비참하지는 않았네.

해설 - 고독

젊은이의 마음은 지극히 단순하고 평온하다.
이제까지의 노래는 고통 받는 그의 내면이 외부의 악천후와 오버랩되면서 애처로운 그에 대한 연민을 외부적 요인에 너무 자주 의존해왔다.
하지만 이 노래에선 그런 일은 일어나지 않는다.
그의 고독은 자신의 내면에 흐르는 급류의 격렬함을, 바람에 떠밀려 터벅터벅 걸어가는 얼어붙은 땅 위에서의 고통을 초월한다.

하늘에 떠 있는 어두운 구름을 뚫고 지나가는 맑은 바람은 젊은이 자신이다.
여기서 어두운 구름은 외로운 여행자로 보이기 쉽다.
그러나 그것은 너무 진부한 생각이다.
오히려 지금의 고통을 뚫고 새로운 세계로 나가려는 희망을 맑은 바람에서 본다.
어쩌면 그 맑은 바람은 젊은이 자신일지도 모른다.

즐거운 세상의 사람들이 자신을 알아봐 주지 않는 것이 그에겐 어떤 적대감보다 견디기 어렵다. (이는 슈베르트 자신에게도 해당한다.)
그러므로 그는 주변에서 일어나는 사소한 것에도 자신을 괴롭히는 어떤 일을 떠올린다.
그 어떤 일은 다른 사람들의 일상의 행복과 대비되어 그에겐 더욱 뚜렷한 사건으로 남는다.
방랑자로서의 그의 고독은 자신이 다른 사람들의 독립적인 정체성을 인정하지 못할 때 외부인, 이방인으로서의 온갖 경험을 스스로 만들어가게 한다.

노래의 전반부는 가라앉은 분위기로 담담하게 부른다.
후반부로 갈수록 극적인 표정으로 바뀐다.
피아노 반주도 미묘한 긴장감을 풍기며 더욱더 어두운 심연으로 가라앉는 통절 형식의 노래다.

잃어버린 일기 12

1816년 6월 16일

사람은 불행을 불평하지 않고 견딘다.
그 이유로 사람은 더욱 예민하게 느낀다.
신은 우리에게 무슨 목적으로 이렇게 예민한 동정심을 부여했을까?

13. Die Post 우편마차

Von der Strasse her ein Posthorn klingt.
Was hat es, dass es so hoch aufspringt,
Mein Herz?
길에서 우편마차 혼 소리가 들리네.
왜 너는 그렇게 높이 뛰는 거야
나의 심장아?

Die Post bringt keinen Brief für dich.
Was drängst du denn so wunderlich,
Mein Herz?
우체부가 내게 가져온 편지는 없네.
그런데도 너는 이상하게 두근거리는가,
나의 심장아?

Nun ja, die Post kommt aus der Stadt,
Wo ich ein liebes Liebchen hatt',
Mein Herz!
그래, 우편마차는 그 마을에서 온 거지,

그곳엔 내가 사랑하던 연인이 있었지,
나의 심장이여!

Willst wohl einmal hinübersehn,
Und fragen, wie es dort mag geh'n,
Mein Herz?
너는 밖을 내다보고 싶은 거지
그녀가 어떻게 지내는지 묻고 싶은 거지,
나의 심장아?

해설 – 우편마차

우편마차의 나팔소리에 젊은이의 심장은 뛴다.
사람들의 고조되는 마음을 나타내는 듯 나팔소리도 올라간다.
그러나 나팔소리가 자신과는 아무런 관계가 없음을 알면서도 그의 가슴은 뛰는 것이다.
이는 스스로 통제할 수 없는 자신의 신체의 반응에 대한 물음이다.

다른 사람들이 저마다 편지를 받는다는 생각은 젊은이를 더 깊은 소외감 속으로 고립시킨다.
지난날의 연인이었던 자신에게 어디에 있는 줄도 모르면서 그녀가 편지를 보낼 수 있다고 기대하는 것은 더욱 불안해진 여행의 결말에 대한 스스로의 재촉이다.

어둠이 지배하는 다른 곡들에서 외로움이 갑자기 튀어나와 말을 타고 질주하는 것 같은 이 엉뚱한 생각을 슈베르트는 왜 했을까?

제13곡부터는 『겨울 나그네』의 2부로, 1부의 작곡이 끝난 뒤 반년이 지난 후 쓰기 시작했다.
뮐러의 시집에 이 곡은 본래 제5곡 '보리수' 다음에 있던 시였으나 슈베르트는 8개의 노래들을 뛰어넘어 13번째에 배치했다.

슈베르트는 첫 곡 '안녕'에서부터 제12곡 '고독'까지 이어지는 음악적 연결을 무너뜨리고 싶지 않았을 것이다.
비교적 밝은 장조로 끝나는 '보리수' 바로 다음에 이 곡을 놓는 것보다는 비통한 단조로 끝나는 제12곡 '고독' 다음에 배치함으로써 우편마차가 갖는 밝기를 더욱 강조하고 싶었을 것이다.

노래의 분위기는 봄과 비슷하게 처음엔 무언가에 대한 기대가 부풀어 오르는 듯하다가 종말에 가선 다시 자신으로 돌아가 절망적인 어둠 속으로 들어간다.

잃어버린 일기 13

1816년 6월 16일

정신을 가볍게, 마음을 가볍게 하라.
너무 가벼운 정신엔 너무 무거운 마음이 깃든다.

 14. Der greise Kopf 백발

Der Reif hat einen weissen Schein
Mir über's Haar gestreuet.
Da glaubt' ich schon ein Greis zu sein,
Und hab' mich sehr gefreuet.
서리가 하얗게 내려 덮였네
내 머리 위에
나는 내가 이미 늙었다고 생각했지만
다시 기쁘다네.

Doch bald ist er hinweggetaut,
Hab' wieder schwarze Haare,
Dass mir's vor meiner Jugend graut -
Wie weit noch bis zur Bahre!
하지만 서리는 이내 녹아서
다시 내 검은 머리가 되었네
그래서 나의 젊음이 다시 두렵네.
무덤까지는 아직도 많이 남았는데!

Vom Abendrot zum Morgenlicht
Ward mancher Kopf zum Greise.
Wer glaubt's? Und meiner ward es nicht
Auf dieser ganzen Reise!

해가 지고 해가 뜨는 아침 사이
머리는 몇 번이나 백발이 되었네.
누가 그걸 믿을까? 내 머리는 다르다네
이번 여행 동안 내내 그랬다네.

해설 – 백발

젊은이는 앞의 노래에서 뭔가 희망에 기대지만 현실을 즉시 실감하고 절망감에 다시 사로잡힌다.
그는 아름답던 계절을 꿈꿨으나 이내 겨울의 외로움 속에서 깨어난다.
우편마차의 나팔소리도 결국은 그에게 절망적인 현실만을 일깨워줬을 뿐 아니라, 그는 서리가 내려 하얗게 된 자신의 머리를 비춰보며 자신이 늙었다는 것에 고통으로부터의 해방된 안식이 가까워졌음을 기뻐한다.
하지만 그것이 망상 혹은 환상이었음을 깨닫는다.

젊은이의 방황 길에서 반복적으로 나타나는 대조적인 이런 이미지들은 다소 지루하게 느껴지기도 하지만 그럼에도 새로운 심경의 변화를 나타내는 그의 행보에 집중하게 한다.
그는 자신이 겪고 있는 고통이 불행한 기억으로부터 벗어나려는 의도적인 선택만은 아니었음을 깨닫는다.

그가 택한 여정은 유일한 목적지인 죽음으로 가는 길임을 알고 있기 때문이다.
하지만 그 길은 아직 너무 많이 남아 있다는 것과 자신이 아직 여정의 한가운데 있음을 탄식한다.
그러면서도 그가 두려워하는 것은 그 여정에서 마주칠 것들이다.
그것들이 어떻게 나타나느냐에 따라 자신의 내면적 심리가 결정되는 것이 두려운 것이다.
잠에서 깨어 일어나 보니 머리가 백발이 되었다는 것은 간밤에 내린 서리가 머리에 쌓였다는 것이므로 그는 추위를 피할 아무것도 없는 한밤의 어둠에 자신의 육신을 맡겼다는 것이다.
그렇게 의도적인 죽음을 택했지만 다시 깨어난 자신을 확인하고는 죽음은 그냥 오지 않는다는 것과, 아직도 얼마나 더 남아 있는지 모르는 여정에 대하여 더욱더 깊게 한탄한다.

피아노 반주도 노래도 멜로디가 얼마나 깊은 우울의 심연으로 가라앉을 수 있음을 보여주는 듯 노래와 피아노는 서로를 따라간다.
24전곡 중에서 어둠의 색채가 가장 강한 노래다.

잃어버린 일기 14

1816년 6월 16일

사람들의 예의범절은 그들이 서로를 대할 때 있어 커다란 장애물이다.
현명한 사람의 가장 큰 불행과 어리석은 사람의 가장 큰 행복은 그들의 관습에 따라 달라진다.

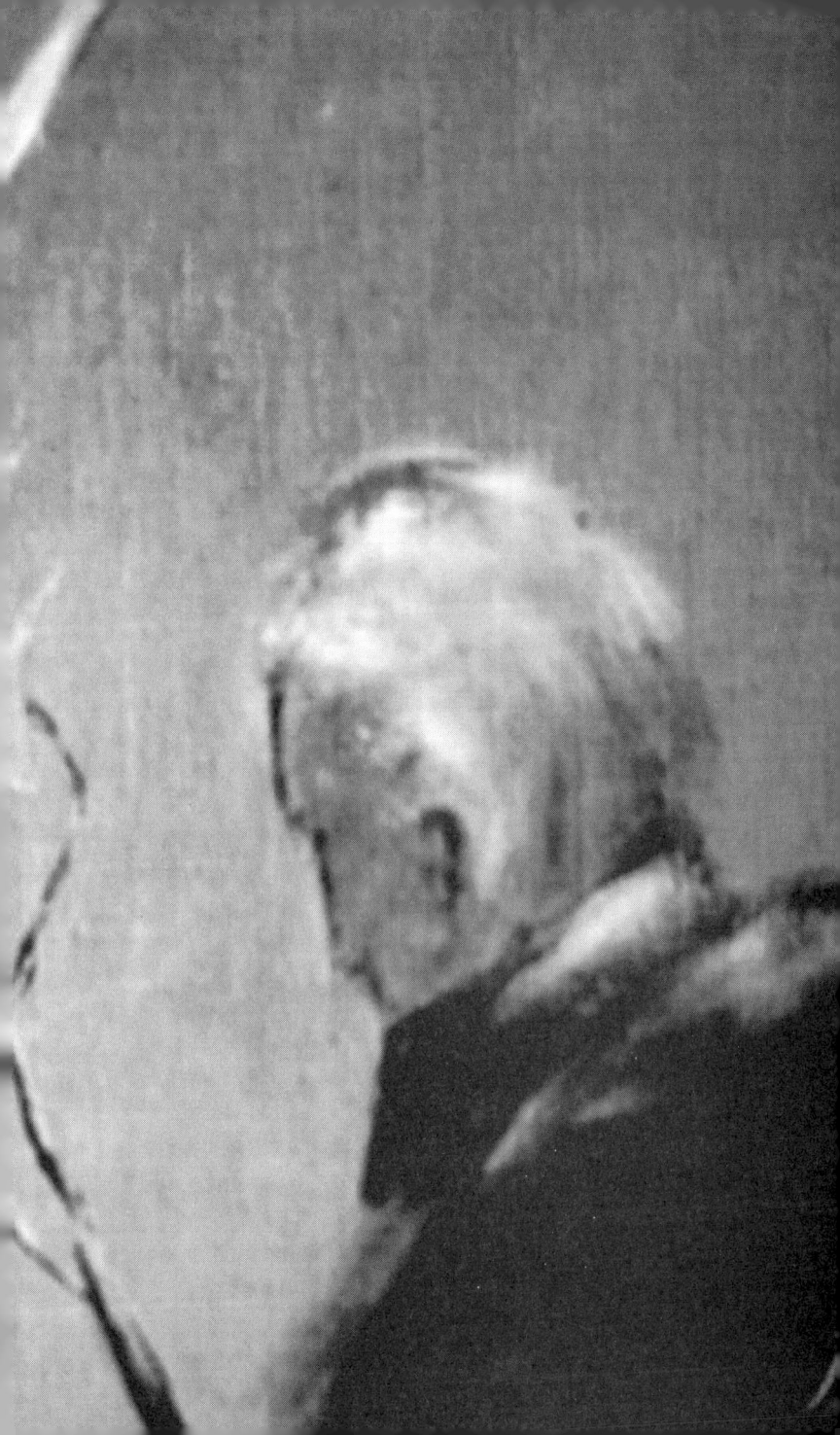

15. Die Krähe 까마귀

Eine Krähe war mit mir
Aus der Stadt gezogen,
Ist bis heute für und für
Um mein Haupt geflogen.
까마귀 한 마리가 나를 따라오네
마을에서부터
그리고 오늘까지
내 머리 위 주변을 끊임없이 날고 있네.

Krähe, wunderliches Tier,
Willst mich nicht verlassen?
Meinst wohl bald als Beute hier
Meinen Leib zu fassen?
까마귀야, 이 이상한 짐승아
너는 나를 떠나지 않을 거지?
넌 나를 먹잇감으로 여기는 거지
내 몸뚱이를 쪼아 먹으려는 거지?

Nun, es wird nicht weit mehr gehen
An dem Wanderstabe.
Krähe, lass mich endlich sehn
Treue bis zum Grabe!

그래, 난 걸을 시간이 많이 남지 않았어
내 지팡이와 함께,
까마귀야, 나를 데려다줘 꼭
잊지 말고 내 무덤으로.

해설 – 까마귀

까마귀는 죽음을 상징하는 새다.
젊은이를 계속 따라오는 새는 그의 여정의 종착지가 이미 정해져 있음을 암시한다.
그러나 그는 어둡고 암울한 세상에서, 아무도 이야기를 나눌 수 없는 절대 고독 속에서 유일하게 말을 걸 수 있는 까마귀가 고맙다.

그에겐 죽음으로 가는 길에 대한 예감마저도 기분 좋은 경험으로 받아들여진다.
그러나 노래는 왠지 비꼬는 것 같은 느낌을 준다.
젊은이는 까마귀를 호의적으로 받아들이지만 새는 계속 그를 조롱하는 듯 울며 따라온다.

슈베르트는 방랑자와 까마귀의 관계를 동행자로 설정하고 있다.
마치 까마귀와 젊은이가 함께 노래하는 듯하다.
결국 이 노래의 시작은 까마귀다.
까마귀가 그에게 노래를 부르기 시작하고 둘은 대

화를 이어간다.

"너는 나를 떠나지 않을 거지?"
젊은이가 까마귀를 향해 외치는 말에서 그들은 이미 절친한 사이가 되어 있다.
내용은 불길한 말이지만 장난기 어린 이 말에서 나그네의 대화 상대조차 없는 완벽한 외로움을 읽는다.

"까마귀야 나를 데려다줘."
에선 죽음으로의 유혹, 혹은 절망 속에서 젊은이의 쾌감을 넘어 슈베르트의 현 상황이 얼마나 심각한지를 엿볼 수 있다.
까마귀와 함께 가는 무덤까지의 여정은 결국은 반복되는 체념으로 슈베르트 자신이 죽음을 담담하게 받아들이고 있음을 알 수 있다.

내용은 절망의 극을 나타내지만 멜로디는 매우 아름다운 노래다.
이는 슈베르트가 죽음을 받아들이고 죽음의 전령인 까마귀를 친구로 여기기 때문이다.

노래와 피아노는 새와 젊은이처럼 서로의 감정을 극도로 끌어올린다.

셋잇단음으로 이루어진 단조로 피아노가 멜로디를 시작하면 노래가 따라 들어가고, 피아노와 노래는 서로에게 의지하는 듯 나아가지만 분위기는 매우 음침한 통절 형식의 노래다.

잃어버린 일기 15

1816년 6월 16일

정신이 고상한 가난한 사람은 고통의 깊이와 즐거움의 강도를 느낀다.
이와 마찬가지로 정신이 고상한 부자는 자신의 행복한 미래를 느끼지만 그 반대일 수도 있다.

16. Letzte Hoffnung 마지막 희망

Hie und da ist an den Bäumen
Manches bunte Blatt zu sehn,
Und ich bleibe vor den Bäumen
Oftmals in Gedanken stehn.
나무들마다 여기저기
단풍 든 잎들이 보이네
나는 종종 그 나무 앞에 서서
멍하니 생각에 잠긴다네.

Schaue nach dem einen Blatte,
Hänge meine Hoffnung dran;
Spielt der Wind mit meinem Blatte,
Zittr' ich, was ich zittern kann.
나는 나뭇잎 하나를 쳐다보며
거기에 내 희망을 걸어두었네.
바람이 내 나뭇잎을 건드리면
나는 생의 깊은 곳까지 전율하네.

Ach, und fällt das Blatt zu Boden,
Fällt mit ihm die Hoffnung ab,
Fall' ich selber mit zu Boden,
Wein' auf meiner Hoffnung Grab.
아, 나뭇잎이 땅에 떨어지면
내 희망도 함께 떨어지네
나도 땅에 쓰러져
내 희망의 무덤 위에서 흐느끼네.

해설 – 마지막 희망

젊은이는 나무의 마지막 잎이 떨어지길 기다린다.
그가 기다리는 것이 그의 영적 절망인지 정확하게 알기는 어렵다.
"거기에 내 희망을 걸어두었네."
에서 그의 희망은 무엇일까?
잎이 떨어지지 않을 것이라는 희망인지, 그 잎이 빨리 떨어지길 기다리는 바람인지는 구분하기 어렵다는 것이다.
그것이 전자든 후자든 그가 뭔가를 바라고 있으면서 사실은 절망에 빠진 것은 아닐지도 모른다.

그가 자신의 고통을 외면하려는 것이 아니고 즐기고 있음이 분명하다.
나뭇잎이 곧 떨어지기를 기다리며 실제로 나뭇잎이 떨어지는 순간 어떻게 울어야 할지 준비하고 있다는 것이다.
이것이 연가곡 겨울 나그네가 시종일관 보여주는 미스터리다.

사랑에 버림받은 젊은이가 삶보다는 죽음을 갈망하는 것은 분명하지만 의도적인 죽음과 망각은 희망과 같은 것이기 때문이다.
그러나 나그네에게 죽음은 쉽게 찾아오지 않는다.
죽지 않을 것이라는 희망을 갖고 계속 그의 무덤을 향해 나아간다.
이 연가곡이 갖는 또 다른 아이러니이기도 하다.
분명한 것은 희망 없이 살아간다는 것은 죽음보다 더한 형벌이다.
나그네는 그 형벌을 피해 떠나온 것이다.
그가 죽음의 목적지를 향해 여정을 계속하는 것은 스스로 죽음에 대한 희망을 만들며 나가는 것을 노래는 암시한다.

슈베르트는 이 곡에서 장면을 묘사하는 뛰어난 재능을 보여준다.
또한 피아노 반주가 표현하는 방랑자의 모습과 나뭇잎이 흔들리며 떨어질 것 같은 모습까지 세밀하게 묘사하는 날카로운 피아노의 스타카토와 함께 희망의 무덤 위에서 흐느끼는 방랑자를 극적으로 표현하는 곡으로 통절 형식의 노래다.

잃어버린 일기 16

1816년 6월 16일

지금 나는 더 이상 아는 게 없다.
내일이면 뭔가 새로운 것을 틀림없이 알게 될 것이다.
이런 이유는 무엇인가?
오늘의 내 이해력은 내일의 내 이해력보다 더 둔한 것일까?
내가 배부르고 졸리기 때문일까?
왜 나의 정신은 육체가 잠들었을 때 생각하지 않는가?
정신이 산책을 나간 것 같다.
분명 내 정신이 잠들지 못하는 거야!

17. Im Dorfe 마을에서

Es bellen die Hunde, es rasseln die Ketten.
Es schlafen die Menschen in ihren Betten,
Träumen sich manches,was sie nicht haben,
Tun sich im Guten und Argen erlaben;
개들은 짖고 쇠 목줄은 덜그덕거리네.
사람들은 침대에서 잠을 자네
자신들이 갖지 못한 것들을 꿈꾸며
좋은 일과 나쁜 일들로 스스로를 위로하며.

Und morgen früh ist Alles zerflossen –
Je nun, sie haben ihr Teil genossen,
Und hoffen, was sie noch übrig liessen,
Doch wieder zu finden auf ihren Kissen.
그리고 아침이 오면 모든 것들은 사라지겠지.
그렇잖아, 그들은 자신의 몫을 즐기는 거야,
아마도, 자신들이 즐기기 위해 남겨놓은 것들을.
그리고 베개 위에서 찾기를 바라는 거야.

Bellt mich nur fort, ihr wachen Hunde,
Lasst mich nicht ruhn in der Schlummerstunde!
Ich bin zu Ende mit allen Träumen –
Was will ich unter den Schläfern säumen?
계속 짖어서 나를 쫓아내다오, 사나운 개들아,
내가 저들이 잠자는 시간에서 쉬지 못하게!
난 모든 꿈을 다 꾸어버렸어.
왜 나는 빈민가에서 어슬렁거리고 있는 것일까?

해설 - 마을에서

자신을 향해 짖어대는 쇠줄에 묶인 개들을 바라보며 젊은이는 어쩔 수 없이 꿈이라는 도피처를 이용해 현실에서 벗어나려는 나약한 인간성을 확인한다. 늘 깨어 있거나 잠에서 쉽게 일어나는 개들은 침대에 누워 잠에 빠진 사람들과 민감성에 있어 비교가 되지 않는다.

젊은이는 그 개들의 눈으로, 마음으로 같은 인간으로서의 속박을 끊으려 한다.

그러나 젊은이가 잠든 사람들에게서 깨달은 것은 환상에 안주하는 자신의 모습이다.

환상이란 삶의 현실을 부정하는 비 실존적인 것으로 진실하지 못한 자신을 젊은이는 마을 사람들에게서 읽는다.

『겨울 나그네』 전체의 가사인 뮐러의 시에 나타난 환상 메커니즘을 시인의 도피주의로 매도하고 그를 싸구려 시인으로 평가하는 사람들이 있다.

그러나 그들이 간과한 것은 어떤 상황에서 교훈을

배우고, 그것을 자신에게 적용하려 하는가에 대한 시인의 의도다.
다른 사람에 관해서 관심이 없는 것까지 사람들이 관여할 사항은 아닌 것이다.
개들과 마을 사람들이 쇠줄에 얽매여 있는 것에 그는 관심이 없고 젊은이의 관심은 그 줄에 얽혀있는 자신이다.
그리고 그 쇠사슬로부터 벗어나는 방법을 이 마을에서 찾고 있는지도 모른다.
그래서 그가 개들이 자신을 향해 계속 짖도록 내버려두며 마을을 조용히 걷는 것에서 이 노래를 듣는 사람은 그의 입장을 이해한다.

이 노래는 까마귀와 유사한 분위기를 풍기는 매우 쓸쓸한 노래다.
처음 시작하는 피아노의 반주 형태는 끊임없이 앞뒤로 반복되는데 이는 개 짖는 소리를 표현한 것이다.
이런 형태의 반주는 음악과 묘한 어울림을 느끼게 한다.
멜로디의 아름다운 표정이 돋보이는 곡이다.

잃어버린 일기 17

1816년 6월 16일

이상한 질문들이군!
모든 사람들이 말하는 것이 들린다.
우린 여기서 답을 찾을 수 없다.
우리는 끈기 있게 참아야 한다.
잘 자요.
당신이 다시 깨어날 때까지.

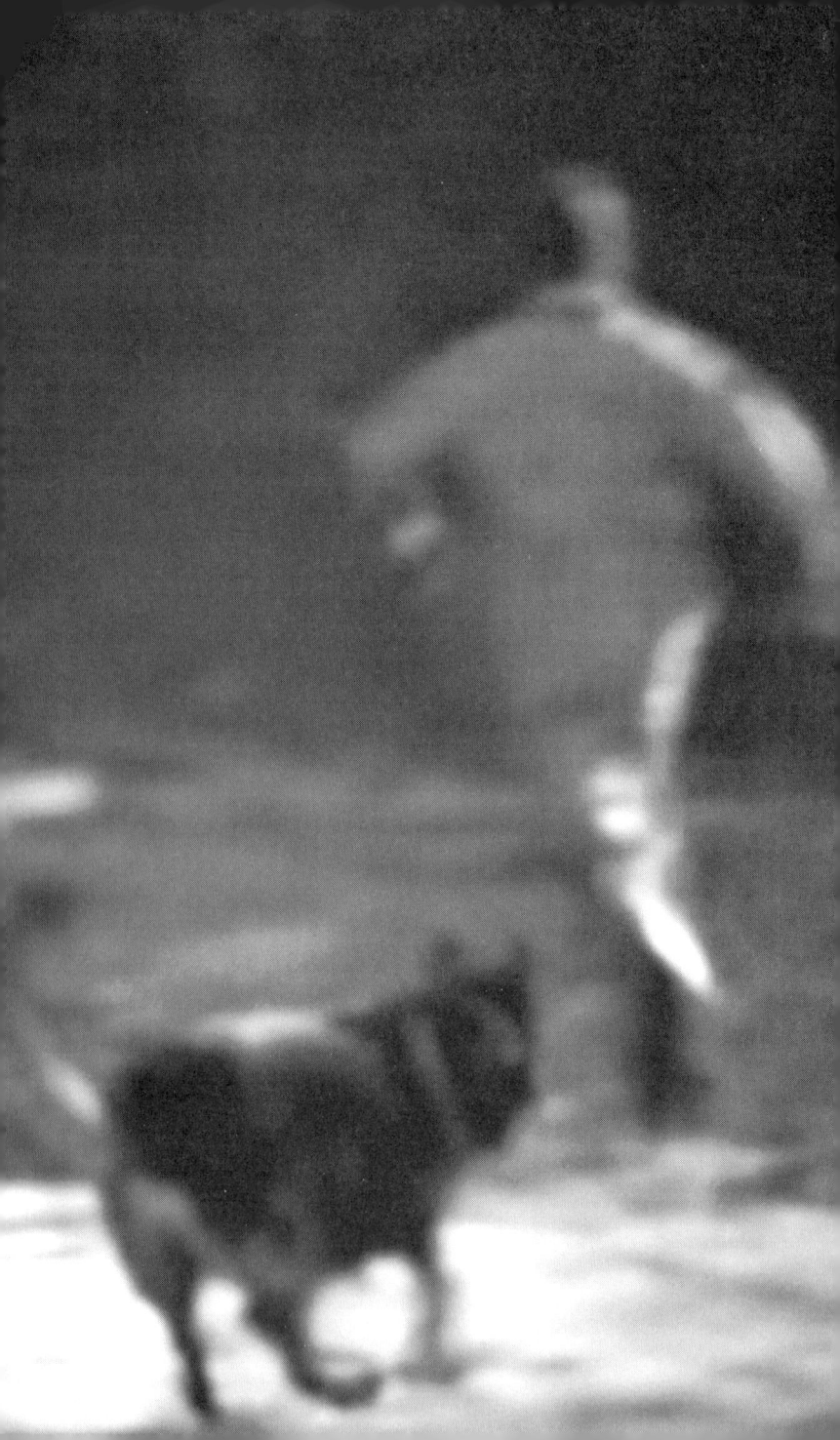

18. Der stürmische Morgen
폭풍의 아침

Wie hat der Sturm zerrissen
Des Himmels graues Kleid!
Die Wolkenfetzen flattern
Umher in mattem Streit.
어떻게 폭풍은 갈기갈기 찢는가
하늘의 잿빛 망토를!
누더기 같은 구름들은 떠다니네
고단하게 서로 부딪치며.

Und rote Feuerflammen
Ziehn zwischen ihnen hin.
Das nenn' ich einen Morgen
So recht nach meinem Sinn!
그리고 붉은 광채가
구름들 사이에서 터지네.
이게 내가 말하는 아침이야
나의 가슴에서 떠오르는 아침.

Mein Herz sieht an dem Himmel
Gemalt sein eignes Bild -
Es ist nichts als der Winter,
Der Winter kalt und wild.
내 가슴은 자신의 모습을 보네
하늘에 그려진.
그것은 다름 아닌 겨울,
차갑고 거친 겨울이라네.

해설 - 폭풍의 아침

맹렬한 폭풍 속에서 젊은이는 하늘을 올려다본다.
구름이 바람에 갈기갈기 찢어지는 모습을 바라본다.
검은 구름이 한 곳으로 떼로 몰려가 장렬하게 죽고 그 붉은 흔적이 여기저기 흩어져 누더기처럼 펄럭인다.
그 장면은 무서움과 경이로움을 동반한다.
그 붉은 흔적은 번개보다는 구름 속에 숨어 번뜩이는 아침 햇빛으로 보이는 것이어서 젊은이는 날씨와 자신의 기분이 하나가 되는 것을 느낀다.

이전 노래들에서 느꼈던 외톨이로서의 방랑자는 이 노래에선 겨울의 심장 한가운데 서 있다.
그는 자신의 심장은 차갑고 거칠다고 느끼며 연인에게서 버림받은 불행한 인간에게서 벗어나 자유로운 해방을 선언하며 모처럼 냉철한 겨울과 동일체가 된다.
그의 이런 자신감이 얼마나 지속될지는 모르지만

그는 지금 깨어 있고 활동적인 자신을 세상에 외친다.

매우 힘차고 격동적인 노래로 차가운 야만성이 느껴지는 노래다.
슈베르트에게 이런 면이 있었는지 놀라울 정도다.
힘차게 노래하는 부분에선 피아노와 노래가 한 음표로 흘러가는 간결함이 아름다운 역동감을 준다.

잃어버린 일기 18

1819년 3월 24일

오늘은 내게 잊을 수 없는 날이다.
처음으로 돈을 받고 작곡했다.
바로 바테로트 폰 드렉슬러 씨의 명명절 축제를
위한 칸타타 『프로메테우스』를 썼다.
악보 원고료는 100플로린을 받았다.

19. Täuschung 환상

Ein Licht tanzt freundlich vor mir her;
Ich folg' ihm nach die Kreuz und Quer;
Ich folg' ihm gern und seh's ihm an,
Dass es verlockt den Wandersmann.
불빛 하나가 내 앞에서 춤을 추고 있네.
그 불빛을 이리저리 따라가네
기꺼이 따라가다 나는 알았네
불빛이 방랑자를 유혹한다는 것을.

Ach, wer wie ich so elend ist,
Gibt gern sich hin der bunten List,
Die hinter Eis und Nacht und Graus
Ihm weist ein helles, warmes Haus,
Und eine liebe Seele drin –
Nur Täuschung ist für mich Gewinn!
아, 나처럼 마음이 상처 입은 사람은
어렴풋한 유혹에도 쉽게 넘어가서
그것이 이끄는 대로 얼음을 넘고

어둠과 폭력을 지나, 밝고 따뜻한 집과
그 안에 있는 사랑하는 영혼을 찾네.
그것이 헛된 망상이라도 내겐 좋은 일이네!

해설 - 환상

환상은 인간만이 가지는 유일한 현상이다.
인간은 자신을 위해 거짓말을 할 줄 알기 때문에 가능한 정신적 현상이다.
젊은이는 빛의 속임수를 알면서도 스스로 빠져들어 간다.
그는 자신이 점점 이상한 곳으로 이끌려 가는 것을 알고 있고, 그 속임수가 어떻게 그런 현상으로 나타나는지를 이해하고 있지만 애써 그것을 거부하려 하지 않는다.
그것은 그런 속임수에 쉽게 빠지는 자신을 잘 알고 있어서 빠져나오는 길도 별 어려움 없이 발견하리라는 기대감에 안심하는 것 같다.
하지만 그 안심의 본질은 그에게 더 이상 잃을 것이 없다는 체념이다.

그리고 『겨울 나그네』 전체에서 특이한 것은 이 모든 현상을 젊은 방랑자가 의식적으로 거부한다는 것이다.

그것은 환상이 이끄는 것은 그의 마지막 안식처인 죽음이었어야 했지만 번번이 이런 환상으로부터 속임을 당했기 때문이다.
따라서 그가 지금 할 수 있는 일은 현실로부터 도피하거나 헛된 광기의 망상에 빠지지 않고 차가운 겨울의 공포와 있는 그대로 마주하는 것이다.
그러나 젊은이는 환상 속에서 고통받는 자신의 모습까지 거부하려 하지는 않는다.
그 자체로 자학의 달콤함을 이미 알았기 때문이다.

이 노래는 밝음과 어둠이 뚜렷하게 대비되면서 이미 영혼이 파괴되어 버린 젊은이의 정신 상태를 피아노와 보컬이 단순하게 노래한다.
이 노래 또한 통절 형식의 노래다.

잃어버린 일기 19

나는 곰팡내가 나는 세상이 나를 간절히 찾는다는 것을 알았다.
그것은 가을 노을의 우울함이며, 꽃 피는 봄의 한나절에 오는 이상한 우울증이고, 연인들의 입술 사이에서 흘러나오는 슬픈 탄식이다.

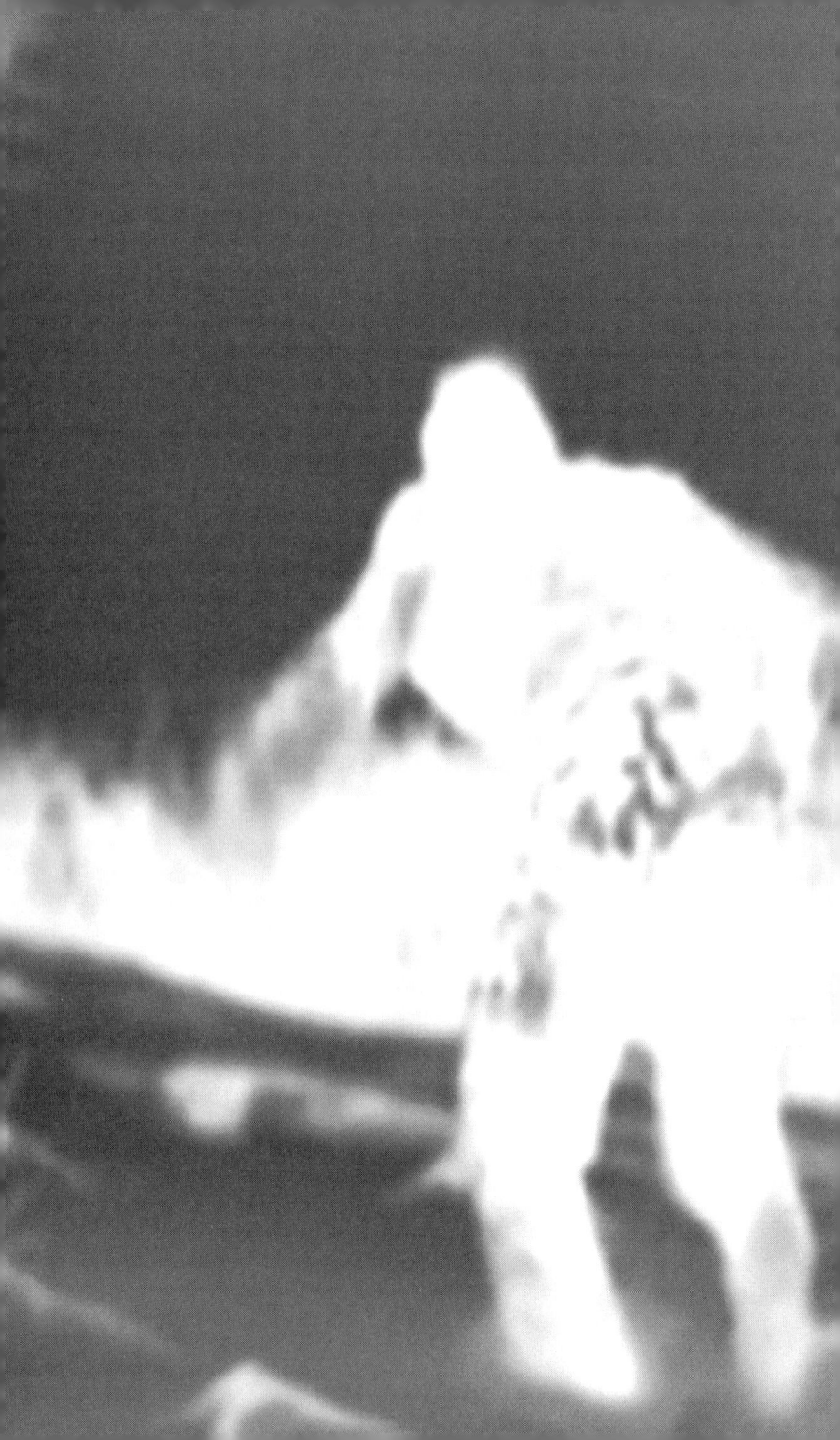

20. Der Wegweiser 이정표

Was vermeid' ich denn die Wege
Wo die anderen Wandrer geh'n,
Suche mir versteckte Stege
Durch verschneite Felsenhöhn?
Habe ja doch nichts begangen,
Dass ich Menschen sollte scheu'n –
Welch ein törichtes Verlangen
Treibt mich in die Wüstenei'n?
왜 나는 길을 피하는 것일까
다른 사람들이 다 가는 길을
남모르는 길을 찾아
바위를 넘고 눈 덮인 언덕을 넘는 것일까?
하지만 내가 잘못한 것은 없어
인간으로서 지켜야 할 도리를.
무슨 어리석은 동경이
나를 광야에서 헤매게 하는가?

Weiser stehen auf den Strassen,

Weisen auf die Städte zu,
Und ich wandre sonder Massen,
Ohne Ruh', und suche Ruh'.
Einen Weiser seh' ich stehen
Unverrückt vor meinem Blick;
Eine Strasse muss ich gehen,
Die noch Keiner ging zurück.
길가의 이정표들은 서서
마을을 향해 가리키고 있네
나는 거친 길 위에서 방랑하는데,
끊임없이 쉴 곳을 찾고 있는데.
이정표 하나가 보이네
눈앞에 미동도 없이 서 있네
난 한 길을 찾아가야 해
가서 아무도 돌아오지 않은 길을 가야 해.

해설 - 이정표

젊은이는 여정 내내 스스로에게 질문하고 그에 따라 여기까지 왔다.
그가 자신의 여정에 대하여 정확히 알고 있는 것은 무엇일까?
그는 익숙한 길을 피하고 평범한 길을 벗어나 혼자만의 길을 걸어왔다.
이제 그는 스스로 길을 결정하고 안내하는 이정표가 되려 한다.
이는 자신의 운명에 순응하려는 젊은이의 태도를 보여준다.

그의 여정은 어디로, 어디를 향해 가는 것이 아니라 하나의 결말을 향해 나아가는 것이다.
그는 왜 이전 사람들이 가지 않았던 험난한 길을, 어쩌면 다시 돌아올 수 없을지도 모르는 길을 택하는지 스스로에게 물으며 쉴 곳을 찾는다.
그의 눈엔 마을과 도시로 가는 이정표가 보이지만 그가 따라야 하는 이정표는 자신뿐이다.

그것은 그의 앞에 확고하게 서 있고 아무도 돌아오지 않는 길이다.

역설적으로 젊은이가 택한 길은 모두가 가야만 하는 길이다.
하지만 사람들은 이 길을 스스로 정하지는 않는다.
그 여정은 미리 알 수 있는 것이거나 일반적인 형태를 가진 길이 아니다.
젊은이가 끊임없이 무덤을 향해, 최종의 안식을 향해 의식적으로 나아가는 것은 그 혼자만의 길이지만 그 여정은 그가 스스로 택한 길이기도, 어쩔 수 없이 택해지는 길이기도 하다.
노래의 제목인 '이정표'는 매우 간결하고 명확한 의미를 담고 있으나 그 단순함은 매우 심오하여 그가 무엇이 되어야 하는지, 되어야만 하는지를 깨닫게 하는 『겨울 나그네』 24곡의 전환점이 되는 노래다.

이 노래는 슈베르트의 가곡뿐 아니라 독일 가곡 전체에서도 손꼽히는 걸작이다.
피아노의 반주는 평탄하지만 깊은 울림을 준다.

조바꿈도 갑작스럽지 않으며 그 자체가 매우 효과적이어서 변화가 있는 유절 형식으로 볼 수 있으나 통절 형식의 노래로도 볼 수 있다.

잃어버린 일기 20

나는 나를 비난하는 사람들을 끝없이 사랑하는 마음으로 멀리까지 방황했다.
오랫동안 나는 많은 노래들을 불렀다.
내가 사랑을 노래하려 할 때마다 노래는 고통이 되었고, 다시 내가 고통을 노래하려 할 때마다 고통은 사랑이 되었다.

21. Das Wirtshaus 여인숙

Auf einen Totenacker
Hat mich mein Weg gebracht.
Allhier will ich einkehren:
Hab' ich bei mir gedacht.
이곳저곳 헤매다
누군가의 묘지까지 왔네.
생각해보니 이곳이 좋겠어
내가 하룻밤 쉴 곳으로.

Ihr grünen Totenkränze
Könnt wohl die Zeichen sein,
Die müde Wandrer laden
In's kühle Wirtshaus ein.
무덤 위 푸른 풀들아
너희들은 분명
피곤한 나를 초대하는 거지
차가운 여인숙으로.

Sind denn in diesem Hause
Die Kammern all' besetzt?
Bin matt zum Niedersinken
Bin tödlich schwer verletzt.
여인숙의 모든 방들에
다 손님들이 든 것은 아니지?
나는 너무 피곤해 쓰러질 것 같네
난 깊게 상처를 입었다네.

O unbarmherz'ge Schenke,
Doch weisest du mich ab?
Nun weiter denn, nur weiter,
Mein treuer Wanderstab!
매정한 여인숙이여
그래도 너는 나를 쫓아내는가?
그렇다면, 갈 길을 가야지
내 충실한 지팡이를 짚고!

해설 - 여인숙

가엾은 젊은이는 여인숙의 녹색 화환 모양으로 만들어진 간판을 무덤 앞의 죽은 사람을 위한 화환으로 착각한다.
이는 착각이 아닌 의도적인 것인지도 모른다.
그는 무덤을 아침에 다시는 일어나지 못하는, 문이 굳게 닫힌 여인숙으로 보고 자신이 영원히 쉴 수 있는 곳이라 여긴다.
그러나 모든 방은 다 차 있고 자신이 쉴 수 있는 방이 없다는 사실에 실망한다.

이 노래를 듣는 사람들은 방을 구하지 못한 방랑자에게 무슨 일이 일어날지 궁금해한다.
그가 정말 지쳐 죽어 가는지, 아니면 여인숙에 들어가 스스로 생을 끝내려 했는지는 알 수 없다.
그러나 사람들의 상상은 끝내 그 어떤 결론도 얻지 못하고 그가 이후의 삶에 어떻게 대처해야 하는지 다시 궁금해한다.

그 궁금증은 그를 갈기갈기 찢어놓은 그의 상심이, 그가 더 이상 이 세상에 설 자리가 없음을 깨닫고 다시 외로운 길을 가야 한다는 깨달음에 관한 것인지도 모른다.
젊은 방랑자는 다시 지팡이를 짚고 길을 떠난다.
그는 이 길보다 죽는 길이 더 쉬울 것이라는 것을 잘 안다.
슈베르트가 죽기 며칠 전까지 손에서 놓지 않았던 작곡의 펜은 지친 나그네의 지팡이이었다는 것을 사람들은 알 것이다.

이 노래 역시 『겨울 나그네』 24곡 여느 것 못지않게 아름답다.
피아노는 고요하고 깊게 화음을 울리며 나그네의 지친 걸음을 받쳐준다.
종교적 감정이 들 만큼 충실한 곡이며, 마지막 부분은 나그네가 지팡이를 끌다시피 천천히 발걸음을 옮기는 모습을 연상하게 하는 피아노의 반주가 오래도록 여운으로 남는 노래다.

잃어버린 일기 21

난 여기서 하는 일이 아예 없다.
날씨마저 너무나 끔찍해 전능하신 하나님이 나를 버리신 것 같다.
태양은 내게 빛나기를 거부한다.
벌써 5월이다.
나는 정원에 앉아 있을 수도 없다.
두렵고, 무섭고 끔찍하다.
내겐 사람이 상상할 수 있는 한 가장 잔인한 상황이다.

 ## 22. Mut! 용기

Fliegt der Schnee mir in's Gesicht,
Schüttl' ich ihn herunter.
Wenn mein Herz im Busen spricht,
Sing' ich hell und munter.
눈이 내 얼굴에 흩날리면
나는 눈을 털었네.
내 심장은 가슴속에서 말하네
커다란 소리로 즐겁게 노래하라고.

Höre nicht, was es mir sagt,
Habe keine Ohren,
Fühle nicht, was es mir klagt,
Klagen ist für Toren.
난 그게 무엇을 말하는지 듣지 못하네
나는 귀가 없어
비탄의 소리도 들을 수 없네.
슬픔에 젖는 것은 어리석은 일이지.

Lustig in die Welt hinein
Gegen Wind und Wetter!
Will kein Gott auf Erden sein,
Sind wir selber Götter.

명랑하게 세상 밖으로 나와
바람과 폭풍에 대항하네!
세상에 신이 없다면
그러면 우리 자신이 신이라네!

해설 - 용기

『겨울 나그네』의 전곡 중에서 가장 밝고 쾌활한 노래다.

젊은이가 이전의 노래에서 추운 겨울의 눈보라 속을 걸으면서 행복하다거나 그 고통을 즐긴다는 직접적인 암시를 한 적이 없다.

그는 어떤 심한 변화를 겪었을까?

젊은이는 이제까지의 탄식이나 슬픔에 젖는 일은 어리석은 것이었음을 선언한다.

그의 머리에 쌓이는 눈이나 소리를 저항 없이 받아들였었다.

그것 역시 거의 마지막 정착지인 안식처로 가는 하나의 과정이었기 때문이다.

그러나 지금은 자신의 심장이 말하는 것을 듣는다.

명랑하게 세상 밖으로 나와 바람과 폭풍에 저항하라는 소리를 듣는다.

이는 더 이상 과거에 얽매여 고통스러워하지 말고 새로운 세상을 맞이하라는 자신 내면의 명령이다.

그리고 자신이 신이라고까지 말하는 것은 그만큼 자신의 운명을 스스로 개척해 가려는 의지의 표현이다.

이 노래는 슈베르트에게 각별한 의미가 있다.
슈베르트는 1822년 친구들과 함께 유곽에 갔다가 한 매춘부로부터 매독에 걸린 후 그는 병원 치료를 받으며 절망과 희망, 그리고 체념의 삶을 반복한다.
그러나 슈베르트가 1827년 베토벤이 죽기 직전 베토벤을 만났을 때 그의 칭찬 한마디는 슈베르트 삶의 태도를 완전히 바꾸어 놓는다.
1828년 11월 19일 그가 세상을 떠나기까지의 1년간은 슈베르트의 삶뿐만 아니라 서양 클래식 역사에서 중요한 한 획을 그은 해였다.
그의 대다수 걸작이 이 시기에 탄생한 것이다.
『겨울 나그네』 2부 제22곡 '용기'를 작곡할 무렵 슈베르트는 베토벤의 음악을 자신이 어떻게 이어가야 하는지를 생각하며 대단한 꿈과 용기에 부풀어 있었을 것이다.

가엾은 젊은이가 남은 힘을 마지막으로 다하며 자신의 운명을 개척하려는 의지에 맞게 강하고 힘찬 결의가 느껴지는 간결하면서도 강력한 통절 형식의 곡이다.

잃어버린 일기 22

인정받는다는 것과 명예에 대한 모든 희망이 먼 기억 속으로 사라질 때도, 순순한 마음이 슬픔을 만날 때도, 모든 세상 사람들이 눈먼 채 걸어가는 것처럼 보일 때도, 그래도 한 사람이 자신이 사랑하는 것을 위해 지치지 않고 일하는 때 열정이 진정으로 이해되는 순간이다.

23. Die Nebensonnen 환상의 태양

Drei Sonnen sah ich am Himmel steh'n,
Hab' lang' und fest sie angeseh'n;
Und sie auch standen da so stier,
Als wollten sie nicht weg von mir.
하늘에 세 개의 태양이 떠 있네.
오래도록 가만히 바라보았네
그리고 태양들은 거기 멈춰 서 있었네
저들도 나를 떠나고 싶지 않은 듯.

Ach, meine Sonnen seid ihr nicht!
Schaut Andern doch in's Angesicht!
Ja, neulich hatt' ich auch wohl drei:
Nun sind hinab die besten zwei.
아, 너는 나의 태양이 아니야!
다른 사람의 얼굴을 비추고 있는 거야!
본래 내겐 세 개의 태양이 있었지만
두 태양은 이미 지고 말았네.

Ging' nur die dritt' erst hinterdrein!
Im Dunkeln wird mir wohler sein.
남은 마지막 태양도 진다면
나도 어둠 속에서 차라리 행복하겠네.

해설 – 환상의 태양

하늘에 떠 있는 3개의 태양은 실제 태양이 3개로 보이는 것이 아니라 빛의 굴절에 의한 과학적 현상을 지친 방랑자가 자신의 내면의 눈으로 보는 것이다.
이는 다분히 그의 의도적인 의식의 현상으로 2개의 태양은 사랑했던 여인의 두 눈을 가리킨다.
그러나 그 태양은 잠시 떠 있다가 이내 져버린 환상의 태양이다.
지금 하늘에 남아 있는 태양이 진짜 태양이지만 고통받는 젊은이에겐 더 이상 태양이 아니며 그는 차라리 태양이 빨리 지기를 바란다.
태양이 진다는 것은 그에게 영원한 안식을 의미하는 것으로 이 역시 그의 의도적인 비참한 희망이다.

이 노래는 『겨울 나그네』 24곡 중에서 가장 심오한 감정이 교차하고, 선율 역시 우수의 절정에 닿아 있으면서도 아름답다.

'슬픈 것은 아름답다'라는 말을 저절로 실감하게 하는 노래다.
피아노의 차분한 반주와 연가곡의 다른 노래들에 비해 웅장한 멜로디는 가사가 갖고 있는 깊은 절망과는 대조를 이룬다.
노래는 오히려 따뜻하며 사색적일지언정 원시(原詩)가 담고 있는 절망의 밑바닥까지 가라앉지는 않는다.
암울하고 무거운 가사보다 멜로디가 위로 떠올라 마치 영혼이 빠져나가 버린 방랑자의 몸뚱이가 노래 전체에 떠다니는 것 같은 느낌을 받는다.

눈에 띄는 특이한 점은 없는 비교적 단순한 멜로디로 되어 있으나, 프레이즈의 연결이 평범하지만은 않은 굴곡의 효과를 주고 있어 듣는 사람에겐 절망의 껍데기밖에 남지 않은 방랑자의 감정의 전달이 실감 나게 하는 통절 형식의 곡이다.

잃어버린 일기 23

매일 밤 나는 내가 다시 깨어나지 않기를 바라며 잠자리에 든다.
그리고 매일 아침 나의 새로운 슬픔은 깨어난다.

24. Der Leiermann 거리의 악사

Drüben hinter'm Dorfe
Steht ein Leiermann,
Und mit starren Fingern
Dreht er was er kann.
마을 뒤쪽 저 한구석에
늙은 악사 한 사람이
딱딱하게 얼은 손가락으로
손풍금을 연주하고 있네.

Barfuss auf dem Eise
Schwankt er hin und her;
Und sein kleiner Teller
Bleibt ihm immer leer.
빙판 위에 맨발로 서서
그는 힘없이 비틀거려도
옆에 놓인 작은 접시에는
동전 한 닢 보이지 않네.

Keiner mag ihn hören,
Keiner sieht ihn an;
Und die Hunde knurren
Um den alten Mann.
들어주는 이 아무도 없고
아무도 봐주지 않는데
수캐들만 으르렁거리네
노인의 주변을 맴돌며.

Und er lässt es gehen
Alles, wie es will,
Dreht, und seine Leier
Steht ihm nimmer still.
그는 거들떠보지도 않네
개들이 아무리 짖어도
손풍금을 돌려 그의 노래를
계속 연주만 하고 있네.

Wunderlicher Alter,
Soll ich mit dir geh'n?
Willst zu meinen Liedern

Deine Leier dreh'n?
아 가엾은 노인이여
나와 함께 노래할까요?
나의 노래에 맞춰
한 곡조 손풍금을 연주해 주겠소?

해설 – 거리의 악사

지친 방랑자의 마지막 여정은 죽음이란 종착지가 아닌 뜻밖의 장소에서 멈춘다.
추운 거리의 한 모퉁이에서 노 악사가 허디거디(손풍금)를 돌리며 연주를 한다.
듣는 사람은 아무도 없고 개들만 와서 짖는데 노인의 빈 깡통만이 곁에서 듣고 공명한다.
젊은이는 노인에게 말을 건다.
그의 여정 중에서 처음으로 말을 한 것이다.
물론 이전에 그가 말을 건넨 대상이 있기는 하지만 그것은 사람이 아닌 까마귀였다.
우리의 가엾은 젊은이가 인간의 말을 한다는 것은 그의 여정의 끝이 마지막이 아닌 새로운 여정의 시작점에 있음을 암시한다.
그가 노인에게 어떤 동반자가 되어줄 수 있음을 시사하는 그의 말은 이제 그가 죽음의 종착지를 거부하고 새로운 출발을 의미하는 전환점에 서 있다는 것을 의미할 수도 있다.
그러나 이는 어디까지나 가엾은 방랑자를 연민하

는 우리의 희망 사항일 뿐일 수도 있다.
젊은이가 말을 건넨 대상인 까마귀와 노인은 결국 죽음을 암시한다고 볼 수 있기 때문이다.

노인이 연주하는 손풍금이 그걸 증명하는지도 모른다.
손풍금은 중세 시대의 악기로 당시 슈베르트가 활동하던 시대에는 사라지고 없는 고악기다.
사람들의 기억에서 잊힌 악기를 인생의 끝에 서 있는 노인이 연주하는 것을 마을 사람들이 와서 듣지 않는 것은 그의 손풍금 소리가 까마귀의 불길한 인상처럼 죽음을 암시한다고 믿기 때문이다.
개들이 짖는 것 또한 이를 뒷받침한다.
개는 사람과 달리 죽음의 냄새를 먼저 맡고, 죽음의 그림자를 사람보다 먼저 알아본다고 알려져 있다.

그렇다 하더라도 노인에 대한 상징적 해석과 이 시가, 노래가 갖는 감수성과는 왠지 거리가 있다는 생각이 든다.
어쩌면 젊은이도 같은 생각을 했을지도 모른다.

그가 노인에게 말을 걸지 않았다면 그들의 만남은 분명 죽음을 암시하는 것으로 보였을 것이다.
하지만 젊은이가 노인에게 자신의 노래에 맞추어 한 곡조 타라는 것은 그는 이미 죽음을 초월한 그 너머의 또 다른 여정을 생각하고 있음이 분명하다.
젊은 방랑자는 노인에게서 자신을 발견한 것이다.
그는 노인이 돌리는 손풍금 안에 갇혀 끝없이 돌아야 한다는 순환의 운명을 깨닫게 된 것이다.

조바꿈도 없이 매우 단순한 멜로디는 단순하기에 더욱 쓸쓸한 분위기를 풍긴다.
낮은음이 시종일관 으뜸음과 딸림음으로 시작해 이어나가는 것이 노래의 끝없는 여운을 울리며 우리의 가엾은 방랑자의 순환 여정을 예고한다.
이 역시 통절 형식의 노래다.

* '거리의 악사'를 마지막으로 이 24곡의 연가곡 『겨울 나그네』는 끝난다.
하지만 이 연가곡은 문학과 음악의 위치에 대한 이해의 난제를 남겨놓았다.
뮐러의 시가 없었다면, 슈베르트의 멜로디가 없었다

면 음악사의 걸작 『겨울 나그네』는 없었을 것이다.

음악을 위한 시와 순수시의 차이를 분명 시인 뮐러는 알고 있었음에 틀림없다.

슈베르트가 곡을 쓰기 시작하기 1년 전에 이미 뮐러는 33세의 나이로 세상을 떠났기 때문에 슈베르트가 자신의 시에 곡을 붙일 줄을 예상하지 못했을 것이다.

따라서 뮐러는 음악을 위한 시를 분명 의도적으로 쓰지는 않았겠지만 슈베르트가 완벽하게 곡을 붙일 시를 썼다.

이는 이전 괴테가 음악은 문학의 하위 범주라고 주장한 이래 시가 음악의 하위 범주에 속한다는 새로운 통설을 주장하기에 충분한 근거가 되어 그 후 음악과 문학은 고대 로마의 검투사들처럼 진부한 싸움을 계속해 왔다.

잃어버린 일기 24

나의 작품들을 태어나게 한 것은 음악에 대한 나의 이해가 절반이고 나머지 절반은 나의 슬픔이다. 슬픔이 혼자 만들어 낸 음악은 세상 사람들에게 조그만 기쁨을 줄 뿐이다.

슈베르트의 짧고 불행한 생애

프란츠 슈베르트는 1797년 빈의 빈민가에서 태어나 음악 교사인 아버지로부터 피아노와 바이올린을 배웠다.

그는 어린 시절부터 작곡을 시작했고 빈의 유명한 작곡가 및 음악 교육자인 안토니오 살리에리에게 공부했다.

하지만 슈베르트는 음악적 재능과 실력에도 불구하고 좀처럼 대중적인 성공을 거두지 못했다.

슈베르트는 피아노곡과 가곡 등 아마추어 시장을 겨냥한 작품을 써서 생계를 유지했다.

그의 실내악들 중 일부는 공개 연주가 이루어지기도 했지만 피아노 소나타들과 교향곡을 포함한 그의 대부분의 걸작들은 1828년 31세의 나이로 그가 사망한 후 몇 년이 지나서야 재발견되고 재평가되어 오늘까지 클래식 음악계의 거장의 한 사람으로의 명성을 굳건히 이어가고 있다.

1828년 11월 12일 슈베르트는 친구 쇼버에게 편

지를 썼다.

11일 동안이나 아무것도 먹지도 마시지도 못하고, 너무 힘이 없어 비틀거리는 몸으로 의자에서 침대로 걸어갈 수도 없고, 침대에서 일어나 의자에 앉기도 어렵다고 했다.

그는 아무것도 소화시킬 수가 없었고 헛소리를 하는 등 그의 병은 점점 깊어져만 갔다.

슈베르트는 평소 베토벤을 무척 존경했는데 그는 죽기 전 베토벤의 음악을 듣고 싶어 했다.

1828년 11월 14일 빈의 유명한 슈판치히 현악4중주단이 찾아와 베토벤의 마지막 현악 4중주곡 C# 단조를 그의 침대 곁에서 연주했다.

베토벤의 마지막 현악 4중주곡을 슈베르트가 이 세상에서 마지막으로 들었던 것이다.

그리고 슈베르트는 5일 후 11월 19일 영원히 눈을 감는다.

그의 마지막이 가까워져 슈베르트의 정신 상태는 착란에 빠지다가 다시 정상으로 돌아오기를 반복했다.

머리가 정상일 때는 연가곡 『겨울 나그네』의 2부

교정 작업에 몰두했다.

슈베르트는 죽기 한 달 전 10월 그의 마지막 가곡 『비둘기 전령』을 쓴다.

자신의 사랑을 전해주는 충실한 비둘기에 대한 애정과 사랑을 담은 내용으로 죽음을 앞둔 그에게 매우 이례적인 일이었다.

이는 1년 전에 작곡한 체념과 절망의 연가곡 『겨울 나그네』의 마지막 세 번째 노래 '용기'를 쓴 것과 비슷하게 죽어가면서도 삶에 대한 한 줄 희망의 끈을 놓지 않고 있었던 것이다.

이렇게 슈베르트는 마지막 1년 동안의 짧은 기간에 그의 생애에서 최고봉이라 할 수 있는 음악적 자산들을 남겼다.

이는 그 자체로서 불가사의한 일이다.

'만약 그가 더 살았다면'이라고 묻는 것은 무례한 일일지도 모른다.

그가 남긴 1천여 편의 작품들에 만족하지 못한다는 것으로 들리기 때문이다.

슈베르트의 가장 친한 친구는 그라츠 출신의 안젤름 휴텐브레너와 요셉 휴텐브레너 형제였다.

동생 휘텐브레너는 슈베르트가 5중주 송어를 헌정한 친구다.

슈베르트와 요셉은 한때 한 집에서 같이 산 적이 있는데 이때 요셉은 슈베르트에게 많은 노래들을 수집해 주었다.

그가 아니면 사라질 노래들이었다.

요셉의 형 안젤름과 슈베르트는 두 사람이 살리에리에게서 공부하던 중 만났다.

그때 안젤름은 공부하고 있던 법학을 포기하고 음악에 전념했다.

또 다른 친구는 요한 마이르호퍼로, 슈베르트는 그와 함께 비엔나에서 2년 동안 같은 방을 썼다.

그때 슈베르트는 27세였고 마이르호퍼는 17세였다.

마이르호퍼는 슈베르트의 가곡들 중 많은 곡의 가사를 쓴 친구다.

1816년 슈베르트는 세 친구에게 끔찍한 결혼관(동성애?)을 선언하고 그는 자신을 따르는 남학생들과 음악인들과 어울려 술을 마시며 날을 보낸다.

이런 일로 슈베르트는 아버지와 불화를 겪게 되고 집을 나와 친구들의 집을 전전하게 된다.

그때 주변 사람들은 슈베르트가 자유분방한 보헤미안 기질이 있었다고 했지만 그가 여성 혐오자인 것도 인정했다.

지금의 시각으로 유추해보면 그가 당시 비엔나 하류층의 동성애자들과 어울렸다는 것으로 해석되기도 한다.

1822년 친구들이 그를 꼬드겨 창녀촌으로 데려갔는데 거기서 슈베르트는 한 매춘부로부터 매독에 걸리고 그때부터 병원 치료를 받다가 1828년 31세로 세상을 떠난다.

이 비극적인 절망감이 그의 『미완성 교향곡』과 연가곡 『겨울 나그네』를 비롯해 여러 그의 걸작들을 남은 생활 고통 속에서 태어나게 했다.

그의 친구 마이르호퍼는 슈베르트가 죽은 몇 년 후 스스로 목숨을 끊는다.

피아노를 연주하는 슈베르트 - 1899 구스타프 클림트

슈베르트의 꿈

1822년 7월 3일

내겐 많은 남매들이 있다.
아버지와 어머니는 좋은 분들이다.
난 두 분을 무척 사랑한다.

어느 날 아버지는 나를 한 축제에 데려가셨다.
우리 형제들은 그곳에서 매우 즐거워했다.
하지만 난 슬펐다.
그러자 아버지께 오셔서 내게 맛있는 음식을 먹어 보라고 하셨다.
그러나 난 먹을 수가 없었다.
아버지는 화가 나서 아버지가 보이지 않는 곳으로 내쫓았다.
나는 그 길로 발길을 돌려 나를 꾸짖는 분들에 대한 무한한 사랑이 가득 찬 마음으로 먼 나라를 향해 정처 없는 길을 떠났다.

여러 해 동안 나는 가장 큰 사랑과 극도의 슬픔 사이에서 방황했다.
그때 어머니께서 돌아가셨다는 소식이 왔다.
나는 어머니를 보러 서둘러 돌아갔다.
아버지는 슬픔으로 마음이 누그러지셔서 내가 돌아오는 것을 막지 않았다.

누워 있는 돌아가신 어머니를 보았다.
눈에서 눈물이 흘러내렸다.
어머니는 예전처럼 누워계셨고
우리는 어머니의 소원대로 그리운 옛날 속에서
여전히 살고 움직이고 우리의 삶을 꾸려가야 했다.
우린 무덤으로 가는 어머니의 장례식에 따라갔고,
어머니의 관이 천천히 내려갔다.

이때부터 나는 다시 집에 머물렀다.
그러던 어느 날 아버지는 나를 아버지가 다니던 유원지로 데려갔다.
아버지는 내게 재미있느냐고 물었다.
하지만 나는 그 유원지가 싫었으나 선뜻 대답을

하지 못했다.
그러자 아버지는 더 조급하게 유원지가 맘에 드느냐고 재차 물으셨다,
떨면서도 나는 대답을 하지 않았다.
그리고 아버지는 나를 때렸고, 나는 도망쳐 나와 나를 꾸짖는 분들에 대한
무한한 사랑을 맘속에 간직한 채 다시 떠났다.
나는 머나먼 곳으로 정처 없이 떠났다.

오랜 세월이 가도록 나는 나의 노래들을 불렀다.
그러나 내가 사랑의 노래를 부르고 싶어 하면 노래는 슬픔이 되고, 슬픔을 노래하려고 하면 노래는 내게 사랑이 되었다.
그래서 나는 사랑과 슬픔으로 나누어졌다.

그러던 어느 날 방금 죽은 신앙심이 깊은 한 처녀가 내 앞에 나타났다.
그녀의 동그란 무덤 주위를 많은 젊은이들과 노인들이 마치 영원한 행복 속을 거니는 듯 원을 따라 돌았다.
그들은 무덤 속 처녀를 깨우지 않으려는 듯 조용

히 말했다.

천상의 생각들이 밝은 불꽃처럼 처녀의 무덤에서 끊임없이 깜박이는 것처럼 보였고, 소나기가 부드러운 소리를 내며 젊은이들에게 떨어지는 것 같았다.

나도 그곳을 걷고 싶었다.
그러나 사람들이 오직 기적에 의해서만 그 원 안에 들어갈 수 있다고 말했다.
하지만 나는 천천히 경건하게 무덤 쪽으로 시선을 낮추고 걸어갔다.
그리고 내가 그 원안으로 들어섰을 때 가장 사랑스런 멜로디가 들려왔다.
마치 순간의 공간에 갇힌 듯 모든 영원의 축복을 받는 것 같았다.
사랑으로 아들을 용서한 아버지도 보였다.
아버지는 나를 껴안고 우셨다. 나는 더 크게 울었다.

- 슈베르트의 일기 My Dream

젊은 시절의 슈베르트

슈베르트의 뒷이야기들

1. 슈베르트의 죽음

1828년 11월 19일 슈베르트가 그의 형 페르디난트 집에서 세상을 떠나면서 마지막 남긴 것은 낡은 옷가지 몇 벌, 잔돈 몇 푼, 그리고 낡은 악보 몇 장이었다.
그가 남긴 재산으론 마지막 몇 주간의 치료비와 장례비용도 감당할 수 없었다.
게다가 친구 쇼버에게 190굴덴의 빚을 지고 있었다고 한다.
그는 완전한 빈털터리로 세상을 떠난 것이었다.

아내도, 자녀도, 절친한 여자 친구도 없었다.
병석에 있는 그를 돌봐준 것은 형의 딸들이었다.
그중 테레자가 슈베르트의 임종까지 곁에 있었다.
아이러니하게도 형 페르디난트는 동생의 병원비와 장례비로 어려운 지경에 처하기도 했지만 슈베르트의 사후 그의 악보들이 출간되면서 큰돈을 번다.

2. 슈베르트와 출판사

슈베르트 생전에 출판된 것은 교향곡은 하나도 없고, 현악 4중주(D 804) 한 곡, 미사곡(D 452) 하나, 그리고 12개가 넘는 피아노 소나타들 중 3곡(D 845, D 850, D 894)만이 출판되었다.

슈베르트가 남긴 편지들엔 출판사들에게 자신의 악보를 출판해주기를 간곡하게 부탁하는 것들이 많다.
하지만 대부분의 출판사들은 그를 외면했고 거듭되는 좌절과 실망에 머리를 벽에 부딪치며 현실을 한탄했다.

1823년 『아름다운 물방앗간 아가씨』를 작곡했을 때 슈베르트는 아버지에게 보낸 편지에서 이익이 없어 악보 출판을 하지 않겠다고 쓴 적이 있다.
1822년 슈베르트가 사창가에서 매독에 걸린 이후 1828년 11월 19일 세상을 떠날 때까지의 그의 생은 좌절과 거절, 질병, 고통 그리고 절망의 연속이었다.

3. 슈베르트의 친구들

슈베르트의 친구들 중 그의 음악적 재능을 진정으로 이해해준 친구는 몇 사람 되지 않았다.
프란츠 폰 쇼버, 요제프 폰 슈파운, 칼 체르니, 안톤 부르크너 그리고 프란츠 그릴파르처 정도였다. 그중 쇼버와 슈파운은 금전적으로 도왔고, 특히 슈파운은 슈베르트를 위한 친구들의 모임인 '슈베르티아데'를 조직해 슈베르트를 세상에 알리려 노력했다.
안톤 부르크너는 슈베르트를 무척 좋아해서 슈베르트의 무덤을 이장할 때 유골을 직접 수습했다.

그러나 그들에게 상류 출신이 아닌 슈베르트는 여러 가지 당시 사회적 제약에 갇혀 목적지 없이 흐르는 현재 속의 한 사람일 뿐이었다.
당시 슈베르트의 노래를 불렀던 바리톤 가수 포글조차도 슈베르트는 음악적 노력 없이 무아지경 속에서 흘러나오는 선율을 반복해서 받아 적을 뿐이라고 했을 만큼 슈베르트와 관련된 사람들에게 그는 영원한 아마추어로 남았던 것이다.

슈베르티아데에서 미하엘 포글의 노래에 반주를 하는 슈베르트 - 1868 모리츠 폰 슈빈트

4. 우울과 절망의 자식들

슈베르트는 일견 명랑하고 쾌활했던 것으로 알려지기도 했으나 그의 밑바탕에는 우울함이 깔려 있었다.
그렇다고 그가 우울증을 앓았던 것은 아니다.
우울증 환자는 모든 생활에서 무기력함을 보이지만 슈베르트는 오히려 초인적인 근면성으로 작곡을 했기 때문이다.
하지만 그의 음악 속엔, 사망하기 몇 년 전부터 쓴 음악 속엔 우울한 흐름이 끊이지 않는다.
그 우울함의 근원은 어디서 왔는가?

그의 조부는 농부 출신으로 두 아들을 교사로 만들어 하층 부르주아 계층으로 올려놓지만 슈베르트는 그의 음악적 재능에도 불구하고 더 이상 오를 곳도, 취직도 할 수 없었다.
당시의 '결혼 승인법'은 하급 신분과 재산이 없는 사람들은 결혼할 수가 없게 했다.
따라서 슈베르트는 반항적으로 여성 혐오자가 되어갔고, 가정에 대한 희망이 없는 사람들은 빈의 사창가로 모여들었다.
슈베르트도 그중 한 사람이었다.

그가 처음으로 깊이 사랑을 느꼈던 테레제 그롭이 돈 많은 제빵사와 결혼하는 것을 보며 저속한 관능의 포로가 되어 절망의 사창가를 찾는다.
슈베르트가 읽은 뮐러의 시에서 사랑에 버림받고 쫓겨나는 젊은이는 바로 슈베르트 자신이었던 것이다.
그렇게 연가곡 『겨울 나그네는』 그의 우울과 절망의 자식으로 태어난다.

5. 외모 컴플렉스

슈베르트의 정신은 자신의 낮은 사회적 지위와 사회적 제약 외에도 감당해야 할 것이 많았다.
슈베르트는 친구들과 어울려 음악회를 열며 자신의 곡을 연주하기도, 반주하기도 했다.
그러나 그런 일은 국가가 만들어 낸 위계질서를 벗어날 수 없는 슈베르트 자신만의 놀이터였다.
그의 친구들이나 슈베르트를 위한 모임인 '슈베르티아데'에 참가하는 친구들은 언제고 슈베르트가 갈 수 없는 곳에 갈 수가 있었다.

슈베르트는 잘생기지도 못했을 뿐 아니라 키가 작고 배불뚝이에 목도 짧았으며 말까지 더듬었다.
그에게선 질 낮은 담배 냄새가 풍겼다.
그리고 극심한 근시로 자주 두통을 앓았다.
그의 두통이 그의 시력 때문이었는지 매독 때문이었는지는 논란이 있다.
그럼에도 그가 누구보다 열심히 음악 작업을 하고 놀라운 곡들을 썼다는 것은 그의 외모 컴플렉스를 벗어나기 위한 몸부림이었다고 보기도 한다.

작업 중인 말년의 슈베르트

6. 음악의 노예

슈베르트는 항상 살롱이나 소규모 모임에서 음악을 연주했다.
친구 쇼버가 제안하고 슈파운이 결성한 슈베르트를 위한 모임 '슈베르티아데'에서 주로 연주를 했다.

그의 가곡들을 슈베르트 자신의 반주로 바리톤 가수 미하엘 포글이 부르곤 했다.
슈베르트는 무상으로 언제나 그들을 즐겁게 해주는 엔터테이너일 뿐이었다.
친구들은 슈베르트에게 제한된 관객이 되어주고 자신들의 집 응접실을 조그만 공연장으로 제공했다.

그들이 슈베르트의 음악적 재능을 높이 인정하고 슈베르트에게 꿈과 용기를 불러일으키게 한 것은 사실이지만 슈베르트를 위한 연주회 모임은 사실상 자신들을 위한 것이었다.
어쩌면 슈베르트는 그들에게 음악적 노예였을 지

도 모른다.

작곡가로서의 그의 재능, 천재성, 그리고 명성을 자기들만의 살롱의 흥분된 분위기 속에 슈베르트를 단단히 가두어 두었다.

그중에서도 포글은 슈베르트의 아름다운 가곡을 불러 명성을 얻었지만 슈베르트가 자신의 악보를 그토록 출판하기 위해 고군분투를 할 때 그 친구들의 역할이 무엇이었는지 묻지 않을 수 없다.

슈베르트의 다른 이야기

슈베르트는 존경하던 베토벤의 장례 행렬에 참여를 했는데 무명의 그가 대작곡가 베토벤의 장례 행렬의 일원이었던 것은 이례적인 일이다.
당시 베토벤의 운구를 맡은 사람들은 유명 지휘자들을 포함 8명의 유명 음악가들이었다.
그리고 프로음악인들이 촛불을 들고 그 뒤를 따랐다.
그중에 슈베르트가 들어 있었다.
베토벤 역시 살아생전엔 궁핍을 면치 못했으나 장례식은 누구보다 성대했다.

슈베르트가 베토벤의 운구 행렬에 참여할 수 있었던 것은 이유가 있었다.
베토벤은 임종이 가까웠을 때 자신의 마지막 10년을 쓴 책 『위대한 음악 이야기』에 등장하는 3명의 젊은 작곡가들의 병문안을 받는다.
베버, 로시니, 슈베르트였다.
베버와 로시니의 이름은 유명 음악가여서 베토벤

도 잘 알고 있었지만, 그렇지 못한 슈베르트는 거장 베토벤에게 다가가는 것이 부끄러워 방문 대기실에서 혼자 기다리고 있었다.

대기실 명단을 본 베토벤이 슈베르트를 먼저 들여보내라고 했다.
당시 빈의 인구는 약 26만 명으로 지역 음악가들은 유명세와는 상관없이 서로 알고는 있었다.
그러나 베토벤과 슈베르트는 가는 길이 달랐기 때문에 서로 만나거나 우정을 나눌 기회가 없었다.
그러던 중 1822년 빈의 한 출판사가 출판한 『루드비히 반 베토벤 씨에게 헌정』이란 프랑스 가곡에 의한 4개의 손을 위한 변주곡 집을 출판했는데 이 곡의 작곡자가 슈베르트였다.
베토벤은 그 곡을 즐겨 연주했다.
이런 기억이 있었던 베토벤은 슈베르트를 먼저 들여보내라고 했던 것이다.

베토벤은 처음 보는 슈베르트를 반갑게 맞으며 슈베르트가 가져간 가곡집과 몇 개의 기악곡 악보들을 보고 나서는

"아 너무 늦었다.
난 이제 얼마 있지 않으면 죽을 텐데, 당신 같은 대단한 작곡가를 이제야 만나다니!
슈베르트 당신은 분명 위대한 음악가가 될 거요."
하고 말했다.
슈베르트는 너무나 감정이 복받쳐 인사도 제대로 하지 못한 채 울음을 터뜨리며 병실을 뛰어나왔다.

베토벤에게 인정받은 슈베르트는 베토벤 사후 자신이 무엇을 할 수 있을지, 베토벤에 대한 깊은 존경심에도 베토벤이란 압도적인 무게에서 벗어나는 길이 무엇인지를 생각했다.
베토벤이 힘과 뛰어난 기교로 이루었던 업적을 슈베르트는 서정성과 애수 어린 음악의 정서로 베토벤의 유산을 이어가려고 했다.
그리고 슈베르트가 세상을 떠나기 전까지의 1년간 그가 보여준 열정과 집념은 베토벤의 처음이자 마지막 격려에 의한 것이었다.

슈베르트만큼 음악사에서 단기간 내에 지칠 줄 모

르고 곡을 쓴 작곡가는 드물 것이다.

독일 가곡을 위해 바친 그의 열정은 그의 타고난 선율적 감각에 기반을 두고 있다.

슈베르트는 『겨울 나그네』를 작곡할 때 하루아침에 6곡을 작곡했고 하루에 평균 7~8곡의 가곡을 완성했다.

'하나를 끝내면 다른 하나를 시작한다.' 라는 그의 말에서 음악을 쓰는 것이 슈베르트에겐 일종의 황홀경에 빠지는 일이었음을 알 수 있다.

또한 슈베르트는 어떤 자리에서도 가곡을 쓸 수 있었다.

그는 한 예술가의 집에서 셰익스피어를 읽다가 문득 아이디어가 떠올라서 즉석에서 노래 하나를 쓴 일이 있는데 'Hark, Hark, The Lark'란 곡이다.

슈베르트는 평생 가난을 면치 못해서 음악을 쓰는 일도 불편을 겪었지만 특히 식사를 제대로 할 수 없었다.

끼니를 거르는 일이 태반이었다.

출판사에서 원고를 제대로 내주지 않거나 거의 외면해서 그의 원고 수입은 거의 없었고, 개인 피아노 교습을 한 것이 전부였지만 유명하지 못한 그에게 피아노를 배우려는 사람들이 많지 않았다.
그래서 슈베르트는 동료 시인, 화가, 하급 관료 또는 그에게 피아노를 배우는 여학생들의 도움을 받아 숙식을 해결하는 일이 많았다.
특이한 것은 친구가 밥을 사줄 때면 빵을 한꺼번에 5개에서 6개씩을 먹었는데, 며칠을 굶는 일이 많았기 때문이다.
슈베르트를 돕는 사람들은 스스로를 '슈베르티안'이라 부르며 '슈베르티아데'란 모임을 만들어 연주회를 여는 등 슈베르트를 물심양면으로 도왔다.

슈베르트는 짧은 평생에 900여 곡을 작곡했다.
그중 가곡이 600여 곡으로 생전에 출판된 것은 거의 없고 대부분을 친구들에게 주었는데 분실되어 남아 있는 것들이 많지 않다.
그의 형 페르디난트가 일부 보관하고 있던 것들이 후에 슈만에 의해 발견되어 세상에 알려졌다.
'정부가 나를 지원해야 해, 나는 작곡하는 일 외엔 아무런 목적도 없이 이 세상에 왔거든.'
이란 말을 슈베르트는 친구들에게 자주 했다.

거장은 아니었으나 피아노를 좋아하고 남의 노래에 반주하는 것을 즐기며 피아노곡을 여러 곡 작곡했으나 그에겐 정작 피아노가 없었다.

작곡할 때 피아노는 필수적인 악기다.

피아노는 전개될 멜로디와 음정과 화음을 확인하며 작업하는데 편리하고 정확하기 때문이다.

그러다 세상을 떠나기 8개월 전 1828년 3월 26일 '베토벤 사후 1주년 기념 슈베르트 연주회'가 빈에서 열렸는데 슈베르트로선 개인 최초의 연주회였다.

베토벤의 명성으로 표가 많이 팔려 그 수입금으로 슈베르트는 처음 피아노를 구입했다.

그리고 그의 작업은 한층 가속이 붙는다.

불과 8개월 정도의 기간이었지만 슈베르트의 재능을 아까워했던 베토벤이 죽어서 슈베르트를 도운 것이다.

키도 작고 얼굴도 잘생기지 않았고, 뚱뚱하고 말까지 더듬었던 슈베르트는 그를 돕는 친구들이 많았지만 늘 혼자 외로웠다.

그리고 남들이 자신에 대하여 무시하는 것에 익숙

할 뿐 아니라 그 자체를 즐겼다.
그래야만 덜 당황스럽기 때문이었다.
슈베르트가 형 페르디난트에게 보내는 편지에
'모든 사물이 젊음의 영광으로 둘러싸인 행복하고 기쁜 시절은 지나갔어.'
라고 쓴 것을 보면 24세 때부터 그의 몸에 나쁜 변화가 일어나고 있음을 알 수 있다.
그 무렵 여성 혐오자요, 일부 동성애자로도 알려진 그를 친구들이 꼬드겨 사창가로 데려간 후 감염된 매독균이 몸 전체로 점점 퍼져나가고 있었음을 말해준다.

슈베르트가 사망하기 1년 전 구입한 피아노

슈베르트의 편지

클래식 음악가들 중엔 글을 잘 썼던 작곡가들이 많다.
대표적으로 음악 이전에 문학을 전공했던 로베르트 슈만, 날카로운 음악 비평가였던 헥토르 베를리오즈, 철학과 미학과 음악과 관련된 저술 활동을 했던 리하르트 바그너, 삶과 죽음에 관한 깊은 철학적 고찰이 담긴 일기를 남긴 구스타프 말러, 음악 저술가로 활동한 아론 코플란드 등이 있다.

짧은 생을 살고 간 슈베르트도 그의 일기와 편지들에서 그의 비범한 문학적 소질을 엿보게 한다.
슈베르트의 편지는 수취인들이 보관하고 있던 것들이 일부 그의 사후 세상에 알려졌지만, 그의 일기는 극소수만 부분적으로 또는 조각으로 남아 있다.
그의 일기는 누군가 보관하고 있다가 사람들에게 한 장씩 찢어서 나누어주었기 때문이다.

프란츠 슈베르트의 일기 부분

1. 요셉 폰 슈파운에게

비엔나
1817년 7월 3일

친애하는 슈파운에게
내가 린치에서 렘베르그에 있는 너에게 편지를 쓸 수밖에 없는 것에 대하여 내가 얼마나 화가 나는지 너는 상상할 수 있을 거다.
우정의 컵을 한 모금 이상 마신 친구들을 잔인하게 갈라놓은 이 하잘것없는 의무적으로 쓰는 편지는 악마나 가져가 버리면 좋겠다.
이곳 린치는 너무 더워서 나는 땀을 뻘뻘 흘리고 앉아 새로운 노래들이 가득 들어 있는 폴리오를 보고 있는데 네가 이 자리에 없다니!
너는 부끄럽지도 않니?
네가 없는 린치는 영혼이 없는 몸뚱이고, 머리가 없는 기병이고, 소금이 들어가지 않은 수프란다.
예가마이어가 맛있는 맥주를 가져오지 않고 슐로스베르크 집에서 와인을 마실 수 없다면 나는 이런 명패를 걸고 산책로에서 목을 맸을 것이다.

'린츠의 덧없는 영혼을 애도하며 죽다.'

네가 알다시피 이곳 린츠의 다른 사람들에겐 나는 아무런 관심이 없고, 너의 동생 오텐발트 막스와 함께 너희 어머니 집에서 아주 즐겁게 보내고 있다.
그런데 다른 린치 사람들의 몸뚱이에서 너의 영혼이 번쩍이는 것 같은 느낌을 받는다.
나의 단 하나의 두려움은 너의 영혼이 점점 희미해져서 완전히 우울해진 너의 영혼이 튀어나오는 것이다.
세상의 모든 것들이 요즘 얼마나 메마르고 진부하게 변해 가는지 대부분의 사람들이 이러고 저런 일들을 아무렇지도 않게 바라보고, 심지어는 그것으로 이익을 얻는 사람들도 있고, 사람들이 너무나 안일하게 수렁으로 미끄러져 들어 심연으로 빠져드는 것 같아 참으로 안타까울 뿐이다.

-편지 부분

요셉 폰 슈파운 - 슈베르트의 평생 후원자

2. 안젤름 휘텐브레너에게

비엔나
1819년 1월 21일

친애하는 옛 친구에게
너 아직 살아 있지?
네가 떠나간 후 얼마나 많은 시간이 흘렀는지 모르겠어.
네가 내게 편지를 보내고 얼마나 긴 시간이 떠올랐는지, 그리고 네가 그리도 무정하게 나를 버렸는지를 생각하면 정말 묻지 않을 수 없다.
너의 답장을 기다리는 마지막 희망조차 꺼져간다.
네가 그놈의 그라츠에 얽매여 있는 이유를 도대체 모르겠다.
너를 꼼짝 못 하게 막고 있는 무슨 주문이라도 걸려 세상일을 잊고 있는 것이냐?
나는 너를 키스로 떠나보냈을 때 다시 곧 돌아오지 않을 거란 불길한 예감이 들었다.

너, 2개의 심포니를 작곡했더군, 좋더라.

그런데 내겐 하나도 알려주지 않았어.

그건 좋지 않은 일이야.

너 이 옛 친구에게 뭐라도 다시 들려줘야 하지 않겠니?

우리가 함께 보낸 행복했던 시간들에 무슨 일이 있었지?

너는 아마도 그 시절에 대하여 생각하고 싶지 않은 것 같아.

하지만 나는 종종 생각한단다.

우리 사이 말고는 다른 모든 면에서 내가 잘 나가고 있다는 것을 너는 듣게 될 거야.

예전처럼 똑같이 내 진심을 모아 보낸다.

언제나 내 친구로 남아 나를 잊지 말기를 바란다.

너의 진실한 친구 슈베르트가

빨리 답장을 해주기 바란다.

3. 안젤름 휜텐브레너에게

비엔나
1819년 5월 19일

친애하는 친구에게
넌 정말 나쁜 친구구나!
너를 비엔나에서 다시 보기까진 10년이 걸릴 것 같다.
이 여자 저 여자가 너의 눈길을 흔들겠지?
그 유혹에 넘어간다면 악마나 데려가 버려라!
제발 결혼이나 해버려, 그러면 끝나는 거야.
너는 시저 캐사르caesar처럼 말하겠지.
'비엔나의 둘째보단 그라츠의 첫째가 좋다고.'
좋아, 그건 그렇다 치고, 난 네가 여기 없다는 것에 화가 난다.
위에서 말한 옛말은 너보단 코넷에게 더 어울려.
네게 신의 축복이 있길 바란다.
결국 나는 그라츠에 가게 될 거다.
가서 너와 경쟁을 할 거야.
여기엔 새로운 소식이 없다.

들려오는 좋은 소식들이란 모두 지나간 일뿐이다.
난 지금 다른 것들은 생각이 나지 않는다.
열심히 작곡을 해라, 그리고 내게 좀 보여줘라.
잘 있어라.

너의 진실한 친구
프란츠 슈베르트.

4. 레오폴드 쿠펠비저에게

비엔나
1824년 3월 31일

친애하는 친구에게
나는 자네에게 예전부터 편지를 쓰고 싶었지만 때와 장소를 만나지 못했네.
스미르쉬 씨를 통해 기회를 얻게 되어 마침내 내 모든 마음을 누군가에게 토로할 수 있게 되었네.
자네는 착하고 믿음이 강해서 다른 사람들이라면 나를 크게 헐뜯는 일도 자네라면 나를 용서해 주리라 믿네.
간단히 말해서 나는 내 자신이 이 세상에서 가장 불행하고 가장 비참한 사람이란 생각이 드네.

건강이 영원히 나빠진 사람을 생각해 보게, 절망 속에서 하는 일마다 좋아지기는커녕 더 나빠져 가는 사람을 생각해 보게.
그의 빛나는 희망이 아무것도 이루어지지 않은 사람, 사랑과 우정이 고통일 수밖에 없는 사람, 그의 아름답고 독창적인 영감이 실패할 수밖에 없는 사람을 생각해 보게.
그리고 자네 자신에게 물어보게, 이런 일이 비참하지 않다면 불행하지 않은 것이 무엇인지 물어보게.

'나의 평온은 사라지고 마음은 무겁기만 해 다시 그런 평온은 찾아 찾을 수 없을 것 같네.'
괴테의 파우스트 중 그레첸의 노래 한 부분으로 지금 내가 매일 부르는 노래가 되었다네.
나는 매일 밤 잠자리에 들 때 다시 깨어나지 않기를 바란다네.
그러나 매일 아침 어제의 슬픔을 기억할 뿐이네.
그렇게 나는 매일을 즐거움도 없이 친구도 없이 보내고 있네.
다만 슈빈트가 가끔 와서 이제는 다시 못 올 옛날의 달콤한 날들의 빛을 한줄기 가져온다네.

우리의 '독서회(Reading Cociety)'는 자네도 알다시피 맥주를 마시고 소시지를 먹는 합창단 대열로 수준을 높여 스스로에게 치명타를 입혔네.
그래서 합창단은 이틀 안에 해체될 것이네.

하지만 나는 자네가 떠난 후 거긴 거의 참여를 하지 않았다네.
내가 잘 아는 라이데스도르프는 정말 진지하고 바른 마음을 가진 사람이지만 너무 우울한 성격이어서 오히려 그가 내게 많은 영향을 미치지 않았나 두렵네.
나와 마찬가지로 그에게도 일들이 잘 풀리지 않아서 그와 나는 돈을 하나도 벌지 못했다네.

그들은 자네 형의 오페라를 사용하는 것을 불가능하다고 선언을 했네.
자네 형이 주장을 그만둔 것이 실수였네.
그리고 내 음악도 그들은 받아들이지 않았네.
카스텔리의 오페라 '음모론자'는 한 지방 작곡가가 곡을 입혀 베를린에서 무대에 올렸는데 열광적인 갈채를 받았네.
그래서 내가 작곡한 두 편의 오페라는 아무짝에도 쓸모없는 것이 되어 버렸지.
나는 몇 곡의 새로운 노래를 작곡했지만 지금은 몇 곡의 기악곡들을 손대고 있고, 바이올린과 비올라 그리고 첼로를 위한 4중주를 두 곡 작곡했고, 8중주도 하나 썼네.
그리고 다른 4중주와 대교향곡을 쓸 준비를 하고 있다네.

비엔나의 최근 소식은 베토벤이 콘서트를 열 예정인데, 그 콘서트엔 새로운 교향곡과 3개의 새로운 미사곡, 그리고 서곡 하나가 새롭게 선보일 거라 하네.
나 역시 신이 허락하신다면 다음 해 이와 비슷한 콘서트를 열고 싶네.
이제 편지를 끝내야겠네.
쓸 종이가 많지 않네.
자네에게 천 번의 키스를 보내네.
자네가 현재의 기분과 자네의 일상에 대하여 내게 써 보낸다면 더 좋은 일이 없겠네.
안녕 잘 있게!

자네의 진실한 친구
프란츠 슈베르트

* 슈베르트의 비참 miserable에 대하여

슈베르트가 병에 걸린 후 보낸 많은 편지들은 황폐하고 쓸쓸하지만 위의 편지, 화가 쿠펠비저에게 보낸 편지보다 더 슬픈 것은 없다.
슈베르트의 삶에서 이 편지는 가장 중요한 삶의 기록으로 여겨진다.
그의 다른 편지, '나의 꿈(my dream)'이나 남아 있는 다른 편지들보다 이 편지가 더 중요한 것은 그가 건강이 극도로 나빠진 후 자신의 개인적 상태를 상세하게 썼을 뿐 아니라, 그가 앞으로 나아가야 할 음악적 길에 대하여 선언하고 있기 때문이다.

1822년 이후 슈베르트의 편지들에서 '미저러블(miserable)' 이런 단어가 자주 등장한다.
비참하다는 영어의 이 단어는 독일에서도 거의 그대로 쓴다.
1824년 슈베르트가 형 패러디난트에게 보는 편지에서 그는
'모든 것이 비참하게 되어 간다.

이 비참한 세상에 사는 모든 지각 있는 사람들이 거의 그렇게 되어 간다.'
라고 불평하면서 오직 자극적인 것만이 우리에게 남아 있는 이 비참한 세상에 우리가 행복을 위해 할 수 있는 일은 무엇이냐고 묻는다.
그는 하루하루의 삶은 위대한 비참 미저리를 통과한 것이라고 토로하면서 이곳에서의 삶은 매우 슬프고 비참한 것이라고 불평한다.
오늘날 정신과 의사들이 뭐라고 하던, 슈베르트를 항상 따라다니던 우울과 비참이란 단어는 분명 사실이었다.

레오폴트 쿠펠비저(1796-1862 오스트리아) 화가

5. 형 페르디난트에게

젤레스
1824년 7월 18일

사랑하는 형에게
형은 내 작품보다는 다른 작곡가들의 음악에 관심을 갖는 것이 좋을 거야.
내 음악을 좋아하고 내가 쓴 모든 곡들을 좋아하겠지만 형이 내 것을 선택하는 것은 좋은 일이 아니야.
그냥 형이 좋아하는 것으로 됐어.
내가 쓴 음악이 형에게 나를 떠올리게 한다는 사실은 내겐 무척 좋은 일이지만, 헝가리 궁전에서 연주되던 왈츠만큼 내 작품이 형을 매료시킬 것 같아 보이지 않거든.
형이 눈물을 흘리는 것은 단지 내가 없어서 슬펐던 거지?
그래서 형 혼자 곡을 쓸 자신이 없었던 거지?
아니면 끝없는, 이해할 수 없는 향수에 시달리는 나를 생각하며 형에게도 똑같은 검은 베일이 가까이 있는 거야?

그렇잖으면 내게 보여준 형의 모든 눈물이 지금 형 마음속에 다시 흐르는 거야?

어찌 되었든 난 지금 이 순간 형이 내 가장 가까운 친구라는 것을, 내 존재의 모든 핏줄로 나와 묶여 있다는 것을 어느 때보다 강하게 느껴.

내 글이 형에게 내가 지금 아프다거나 정신이 불안정하다고 생각하게 할까 봐 걱정돼.

다시 말하는데 난 괜찮으니 걱정하지 마.

모든 것이 젊음의 영광으로 우리에게 다가오던 시절은 끝났고 이젠 우리는 산다는 것이 고통을 감내해야 한다는 사실을 확인하기 위해 나는 그 고통을 내 상상력이 미치는 데까지 아름답게 하려고 노력하며 신에게 감사하고 있어.

-편지 부분

* 검은 베일 - 당시 부조리한 사회적 제약을 말함.

6. 쇼버에게

첼레
1824년 9월 21일

사랑하는 쇼버야,
나는 네가 행복하지 않다고 들었다.
너의 상황이 아주 좋지 않다고 들었다.
슈빈트가 내게 그렇게 편지를 썼어.
이 소식을 듣고 무척 마음 아프기는 했지만 전혀 놀라진 않았단다.
이런 일들은 이 비참한 세상을 살아가는 대부분 지성인의 숙명이기 때문이지.
그리고 결국 행복이란 무슨 소용이 있는 거냐?
이 세상은 우리에게 불행을 부추기만 하는데.
만약 우리가 함께 있다면 너 슈빈트, 쿠펠, 그리고 나 이렇게 같이 있다면 각자의 불행쯤은 쉽게 해결할 수 있을 건데, 우리 모두 서로 헤어져 있어 각각 다른 상황에서 불행을 겪게 되니 그 불행에 내가 처한 불행도 한몫하는구나.
나는 괴테가 한 말을 외치고 싶다.

"누가 그 사랑스런 시간들을 단 1시간이라도 부끄러워하며 되돌아보는가?"

그때 우리가 서로 친하게 지낼 때, 우리 서로에게 어머니 같은 수줍음으로 자신의 예술 작품을 보여주며 사랑과 진실의 선고가 내려지기를 아무런 편견 없이 기다렸었지.

함께 노력하며 이상을 향해 서로에게 영감을 풀어놓고 모두 활기 있게 활동하던 때였지.

이제 나는 머나먼 헝가리에 혼자 두 번째 유혹에 빠져 이곳에서 말을 건넬 사람 하나 없이 혼자 앉아 있단다.

네가 떠나간 후 난 노래를 거의 쓰지 않고 몇 개의 기악곡들을 손대고 있다.

지난 5개월 동안 내 건강은 괜찮지만 너와 쿠펠이 없어 외롭고 때로는 비참한 생각이 들기도 한단다.

이 우울한 날들 속에 오늘의 삶을 결정짓는 무위도식이 내게 고통스럽게만 다가온단다.

-편지 부분

슈베르트의 아버지 테오도르 슈베르트

7. 아버지와 새어머니에게

슈타이어
1825년 7월 25일

사랑하는 부모님께
제가 오랫동안 부모님께 소식을 전하지 못해 섭섭하시죠?
하지만 요즘엔 매사에 흥미도 없고 공허한 말도 쓰기 싫어 부모님께 편지가 오기까지 연락을 드리지 못한 것을 용서하시기 바랍니다.
부모님 두 분이 모두 건강하시다니 매우 기쁩니다.
신의 축복입니다.
저 역시 건강합니다.
저는 다시 슈타이어로 돌아왔습니다.
그 전엔 그문덴에 6주간 머물렀는데 천국 같은 주변의 경치가 제게 깊은 감동을 주었습니다.
그곳의 주민들도, 특히 트라베거 씨가 저를 아주 잘 대해주었습니다.
트라베거 씨 집에서 저는 집에 있는 것처럼 아주

편했습니다.

그 후 잘츠캄머구트의 영주인 헤르 호프라트 폰 쉴러 씨가 와 포글과 저는 매일 그의 집에서 식사를 하며 자주 연주를 했습니다.

발트 스코트의 '호수의 숙녀'에 곡을 붙인 저의 새로운 노래는 큰 성공을 거두었습니다.

저 자신도 그 경건함에 많이 놀랐습니다.

그 노래는 성모 마리아를 찬미하는 내용이 들어 있습니다.

모든 청중들의 마음을 감동시키고 경건한 분위기를 만들어낸 것 같습니다.

그 이유는 저의 종교적인 감정이 강요되지 않고 제가 이런 종류의 기도문이나 찬송가를 작곡하지 않기 때문이라 생각합니다.

그래야만 헌신의 감정에서 벗어나 곡의 느낌이 살아 있는 저의 진심을 표현하기 때문입니다.

슈타이어레크에서 우리는 바이젠볼프 백작부인과 함께 지냈는데 그녀는 저를 무척 좋아했고 제가 쓴 모든 원고들을 가지고 있었습니다.

그리고 제 노래들 아주 잘 불렀습니다.

'발트 스코트'의 노래들에 깊은 인상을 받은 그녀는 제가 그녀에게 그 노래들을 헌정한다면 무엇보다 기쁠 것이라고 했습니다.
그러나 이 문제들에 관해서 말씀드리자면 저는 악보 출판을 멈추고 있습니다.
거의 이익이 없기 때문입니다.
저는 이 노래들이 스코트라는 이름 덕분에 호기심을 더 불러일으킨다고 생각합니다.
그래서 영문판을 추가한다면 제 이름이 영국에도 잘 알려질 거라 생각합니다.
만약 이것이 출판사들과 거래가 정직하게 이루어진다면야 좋겠지만, 우리 정부의 현명하고 자유로운 규정은 예술가들이 이들 돈벌이 꾼들의 영원한 노예로 남도록 세심하게 관리하고 있습니다.

밀러의 편지에 관해 말씀드리자면 저는 슐레이커가 보낸 호의에 매우 기쁩니다.
하지만 제가 비평 글을 읽어보고 제가 배울 것이 뭐가 있나 살펴볼 수 있었으면 좋았을 텐데요.
한 리뷰는 호의적이기도 했지만 조소가 섞여 있기도 했습니다.

비평가가 관련 지식이 부족했다면 그렇게 쓰는 경우가 있겠지요.

저는 오스트리아 상부 지역 전역에서 저의 작품들을 접했습니다.

하지만 특히 성 플로리안 수도원과 크림스뮌스터 수도원에선 뛰어난 피아니스트의 조력으로 저의 변주곡들과 내 손을 위한 행진곡을 연주해 큰 성공을 거두었습니다.

두 손을 위한 저의 새로운 소나타의 변주는 특별한 찬사를 받았습니다.

이 곡들은 저 혼자 연주했는데 성공적이었습니다.

많은 사람들이 저의 손가락 아래서 건반들이 노래하는 목소리로 변환되었다고 칭찬을 하더군요.

정말 그랬다면 매우 기쁜 일입니다.

일류급 피아니스트들조차 중독된 피아노의 저주받은 연주법을 저는 참을 수 없기 때문입니다.

그런 연주 방식엔 귀도 마음도 즐겁지 않습니다.

지금은 비가 그치지 않고 내리고 있습니다.

형 페르디난트와 형수, 그리고 조카들에게 안부를 전해주십시오.

그는 아직도 먼지투성이 속에서 살고 있고 도른바흐에서 벗어나려는 그의 결심은 실패한 듯 보입니다.

형은 77번이나 병을 앓았고, 적어도 아홉 번이나 죽음 직전까지 갔다고 저는 알고 있습니다.

죽는다는 것이 우리 인간의 숙명이 직면해야 할 최악의 악마인 것 같습니다.

형이 이곳의 경이로운 산들과 호수들을 볼 수 있다면 그 장관에 짓눌리고 압도되어 인간 삶의 사소한 것들에 덜 집착하게 되고, 자신의 몸을 대지에 맡기며 불가사의한 힘에 의해 빠르게 새로운 삶을 얻을 준비를 기꺼이 할 것입니다.

-편지 부분

미하엘 포글(1768-1840 오스트리아) 가수 작곡가

8. 형 페르디난트에게

그문덴
1825년 9월 12일

사랑하는 형에게
형이 내게 그렇게 간청했을 때 물론 형에게 잘츠부르크와 가스타인 여행에 대하여 자세하게 써 보내고 싶었지만 형도 알잖아, 내가 일을 처리하고 설명하는 것이 서투르다는 것을.
하지만 비엔나로 들어가면 어차피 형에게 이야기를 해주어야 하므로 나중에 말로 하는 것보다 어렴풋이나마 지금 글로 써 보내는 것이 좋을 거란 생각에 이렇게 편지를 쓰고 있어.

우린 8월 중순 무렵에 슈타이어를 출발해서 크램스뮌스터를 지나갔는데 전에도 가끔 보기는 했지만 좋은 위치에서 바라보니 정말 그대로 지나칠 수가 없더군.
아주 아름다운 계곡이 내려다보이고 여기저기 완만한 언덕들이 솟아 있는데, 그 오른쪽으로 알맞은 크기의 언덕이 솟아 있고 그 언덕을 넘어 내려오는 길에서 보면 반대편으로 흐르는 시내 너머 언덕의 봉우리를 따라 흩어져 있는 거대한 성당들과 그림 같은 정교한 탑의 모습은 참으로 장관이었어.
우리는 매우 친절한 환대를 받았는데 이미 이곳에 우리가 잘 알려져 있고 특히 헤르 폰 포글이 이곳 수도원에서 교육을 받았었거든.
하지만 우리는 멈추지 않고 여행을 계속했으나 특별하게 언급할 만한 것은 없고 푀클라부르크까지 가서 그날 밤 한 음침하고 작은 마을에 도착했어.

다음 날 아침 우리는 스트라스발첸과 프랑켄마르크트를 지나 노이마르크트로가서 점심 식사를 했지.
이 고장은 잘츠부르크에 속해 있는데 집들이 특이한 구조로 되어 있었어.
거의 모든 것이 목재로 지어진 거야.
목재 부엌 용품들이 목제 선반에 놓여 있고 이 선반들은 집 밖으로 설치되어 있는데 그 주위로 발코니가 이어져 있고, 오래된 표적들도 구멍이 뚫려 집 바깥 곳곳에 걸려 있더군.

이런 것들은 오래전부터 승리의 트로피로 보존되어 온 것들로 그들 중에는 1600년대와 1500년대의 것들도 있었지.

잘츠부르크에 가는 길의 마지막 지점 노이마르크부터는 눈 덮인 산봉우리들이 보이기 시작하고 그 산들은 잘츠부르크 계곡으로부터 솟아나왔는데 노이마르크부터 1시간 정도의 경치는 정말 좋았어.
발터 호수의 길게 뻗쳐 있는 맑은 청록색의 물은 이곳의 매혹적인 풍경에 생생한 색감을 더하고 있었지.
이곳의 지대는 매우 높아서 이 지점부터는 잘츠부르크까지 계속 내려가는 길이야.
산들은 이전에 본 것들보다 높이 솟아 있고 특히 운테르스베르그 산은 다른 산들 위로 높이 솟은 것이 환상적이고 대단한 광경이었어.

마을을 보면 이전부터 번창했음을 알 수 있는데, 대리석 창틀과 문기둥들이 마을 모든 곳에 보이고 심지어는 가장 가난한 농가 집에도 있고, 계단 틀까지 붉은 대리석으로 된 곳들도 있어서 그곳에서 바라본 태양은 희미하고 안개의 영혼 같은 무거운 구름이 검은 산 위로 떠 있는 거야.
그 구름들은 운테르스베르그 산의 정상에 닿지 못하고 마치 유령의 비밀을 두려워하듯 기어 지나가더라니까.

드넓은 계곡이 고독한 성과 교회들과 농장들을 여기저기 거느리고 우리의 황홀한 눈앞에 천천히 제 모습을 펼치면 탑과 공원들이 하나하나 나타나고, 우리가 카푸치너베르크를 지나갈 때 거대한 암벽이 도로에서 가파르게 솟아올라 계곡 아래를 내려다보며 위협적으로 찡그리는 것이 운테르스베르그와 그 주변 산들이 그 장대함으로 우리를 짓밟아 버리겠다는 듯 거대한 규모를 뽐내는 것 같았어.

그리고 이제 도로는 아주 좋은 길들로 이어지며 마을로 들어가고 있는데, 선제후들 때부터 차지한 이곳의 유명한 자리는 거대한 사암 블록으로 지어진 요새들에 둘러싸여 있고, 도시 성문들에 새겨진 비문들은 교회의 사라진 힘을 느끼게 하는 거야.

적당히 넓은 거리들은 모두 5층이나 6층 높이의 집들로 채워져 있고, 지금 우리가 가는 길은 기묘하게 장식된 테오프라스투스 파라셀수스의 집을 지나 어둡고 거품이 이는 잘자흐의 급류까지 이어진 다리를 건너고 있어.
마을 자체는 다소 어두운 인상을 주는데, 나쁜 날씨가 오래된 건물들을 더 음울하게 보이게 하고 묀시베르크의 가장 높은 봉우리 위에 서 있는 요새들이 아래의 모든 거리들에게 유령 같은 인사를 보내는 것 같아.

불행하게도 우리가 막 도착한 직후 비가 내리기 시작했어.
여기선 흔한 일이어서 우리의 관광은 우리가 마차를 타고 지나오면서 이미 어렴풋이 보았던 많은 궁전들과 화려한 교회들밖엔 볼 수가 없었지 뭐야.
폰 포글과 친분이 있는 상인 파우에른파인트 씨를 통해 우리는 지방 영지의 영주인 플라츠 백작을 소개받았는데 그의 가족들은 이미 우리들의 이름을 알고 있어서 우리들은 아주 친절하게 대해주었지.

포글은 나의 노래들을 불렀고, 그 일로 우리는 다음 날 저녁 특별히 초청된 청중들 앞에서 7개의 작품들로 이루어진 우리의 프로그램을 다시 연주해 달라는 간곡한 초청을 받았어.

형에게 보낸 첫 편지에서 언급했던 아베마리아가 각별한 찬사를 받았지.

그 노래는 모든 사람들을 감동시켰는데 포글과 내가 연주했던 방식은, 그렇게 우리가 그 순간 하나로 융합된 것 같은 그런 방식은 이곳 사람들에겐 아주 새롭고 알려지지 않은 것이었어.

다음 날 아침 뮌시베르크 산을 오른 후에 그곳으로부터 도시의 명소들을 내려다보았는데 화려한 건물들과 궁전들, 그리고 교회들이 그렇게 많은 것에 정말로 깜짝 놀랐어.

그래도 이곳의 인구는 많지 않아 많은 건물들이 빈 채로 서 있고, 한 사람이 여러 채를 가지고 있거나 기껏해야 한 건물에 두세 가족이 살 뿐이야.

많은 아름다운 광장에는 포장돌 사이에 풀들이 자라고 있어서 지나다니는 사람들이 거의 없다는 것을 알 수 있었지.

대성당은 로마의 베드로 성당을 모방한 천상의 건물이지만 규모는 더 작아.

교회는 십자가 형태로 지어져 있으며 4개의 넓은 안뜰로 둘러싸여 있고 각각 대중 광장이 조성되어 있으며 사도들의 거대한 모습이 돌에 새겨져 문의 입구에 서 있네.

교회의 내부는 여러 개의 대리석 기둥 위에 있으며 선제후들의 초상화로 장식되어 있는데 모든 부분이 정말로 아름다워.

지붕의 구멍을 통해서 들어와 모든 코너를 비춰주는 신비한 빛과 이 말할 수 없이 깨끗한 분위기가 만들어 낸 효과는 너무나 아름다워서 다른 모든 교회들도 이렇게 따라 하는 것 같아.

교회 근처의 4개의 안뜰에는 거대한 분수들이 있고 분수들은 정교하고 대담한 상상 속의 모습들로 꾸며져 있는 거야.

여기에서 우리는 성 피터 수도원으로 갔는데 그곳에서 미하이엘 하이든이 한때 살았던 적이 있지.

이 교회 역시 훌륭해.

형도 알다시피 이곳엔 미하일 하이든의 기념상이 있는데, 상은 아주 잘 생겼지만 구석진 곳에 놓여 있고 주변에 새겨진 악보들이 오히려 우스꽝스럽게 보이게 하네.

항아리 안에는 하이든의 머리가 들어 있다고 하는데,

'고요하고 깨끗한 영혼, 선한 하이든이여, 저 위에서 쉬세요. 그리고 내가 그렇게 고요하고 맑을 수는 없지만 이 세상에서 나보다 더 당신을 존경하는 사람은 없을 겁니다.'

라고 나는 생각했지.

눈물이 천천히 흘러내렸고 우리는 다른 것들을 보러 갔어.

우리는 헤르 파우에르파인트 씨 집에서 점심 식사를 하고 오후에 날씨가 좋아져서 밖으로 나와 논넨베르크 산에 올랐지.

산은 그리 높지는 않았지만 전망이 참 좋았어.

형도 바로 저 너머 펼쳐지는 잘츠부르크의 계곡이 보이는 것 같지?

형에게 이곳 계곡의 아름다움을 어떤 표현으로도 알려주는 것은 거의 불가능해.

형, 둘레가 수 마일이나 되는 한 정원을 떠올려봐. 그 안에 수많은 성들과 영지가 나무 사이로, 또는 나무 위로 솟아 있는 것을 상상해 봐.

강이 그 사이를 구불구불 흐르고 정교한 색깔로 짠 듯 초원과 들판 주위의 리본처럼 꼬인 길들을 생각해 봐.

마지막으로 장대한 산맥으로 둘러싸인, 이렇게 거대한 나무들로 우거진 넓은 길들을 상상해 봐.

그들은 마치 천국의 계곡을 지키는 것 같지 않아? 이 모든 것들을 상상해 보면 형은 그 말할 수 없는 아름다움이 어렴풋이 또 오를 거야.

잘츠부르크의 나머지 관광은 돌아오는 여행길에 이루어질 것이니 그때까지 이야기를 남겨두겠어.

난 시간 순서에 맞게 설명을 계속하고 싶으니까.

형의 충실한 동생
프란츠 슈베르트

9. 형 페르디난트에게

슈타이어
1825년 9월 21일

사랑하는 형에게
위의 날짜를 보면 마지막 편지를 쓴 날과 오늘 사이에 며칠이 흘러갔는지 알 수 없군.
우리는 그문덴에서 슈타이어로 이동했어.
우리의 여행에 대하여 이야기하자면 여행을 떠난 것이 지금은 후회가 되기도 해.
너무 많은 시간이 흘러가 버렸거든.

그 뒤의 여행은 말 그대로 세상에서 가장 아름다운 날들이었어.
운테르스베르그, 아니 가장 높은 산이라고 해야겠지?
마치 함대를 거느리듯 주변의 산봉우리들과 함께 태양 가까이서 빛나고 반짝였어.
엘티시움을 지나면서 우리는 천국 같은 계곡을 보았지만 우리들의 천국은 이런 경치들보다 정말 편안한 마차에 앉아 있었다는 거야.
아담과 이브에게만 허용된 사치였지.
야수들을 만나는 대신 우린 많은 매력적인 소녀들을 만났어.
이런 아름다운 경치를 보면서 저열한 농담을 한다는 것이 옳지는 않지만 오늘은 심각하고 싶지 않아.

이렇게 좋은 날씨에 우린 아름다운 지방들을 편하게 지나오다가 시선을 사로잡는 매력적인 한 건축물을 발견했지.
모나츠슐츠첸이란 건물인데 설립자가 한 아름다운 여인을 위하여 한 달 만에 지었다는 거야.
이곳의 모든 사람들은 이 건물을 알고 있지만 충격을 받은 사람은 아무도 없어.
얼마나 매혹적인 느긋함이야!
이 작은 건축물의 매력은 분명 계곡의 아름다움을 더할 거야.

몇 시간 뒤에 우리는 할라인의 독특하면서도 지저분한 작은 마을에 들어왔어.

주민들은 모두 유령들 같아서 창백하고 쑥 들어간 눈에 지팡이처럼 가느다란 몸뚱이를 가진 사람들이었지.
이 비참한 마을과 주변 계곡의 엄청난 광경의 대조는 내게 가장 어두운 인상을 남겼어.
그것은 마치 하늘에서 똥 덩어리 위로 떨어진 거나, 모차르트의 음악을 듣고 불멸의 음악가 A가 쓴 곡을 들은 느낌이었지.

포글에게 소금 광산을 보러 가자고 한 사람은 없었어.
포글은 통풍에 시달리며 그의 위대한 영혼을 가슈타인으로만 몰아갔지.
어둠 속에서 여행자가 빛 한 줌을 찾아 나가듯이 골링을 지나 더 멀리 달렸는데 거기서 사람이 접근할 수 없는 산들을 처음 보았어.
산들의 무시무시한 협곡을 루에그 고개가 가로지르고 있었지.
우리가 거대한 산 하나를 옆으로 천천히 기어 올라간 후 양쪽 바로 앞에 거대한 다른 산들이 있었는데, 마치 온 세상이 여기 갇힌 듯 길이 없고 심장이 목구멍까지 뛰어오르더라니까.
첫 번째 충격에서 조금 벗어나 우리는 어마어마하게 높은 바위 절벽을 볼 수 있었는데, 출구가 보이지 않는 막다른 골목에 들어온 것 같았어.

이 같은 자연의 무시무시한 작품들 속에서 인간은 자신의 더 무서운 야수성을 불멸화하기 위한 노력을 해왔지.
이곳으로 저 멀리 아래 잘자흐강이 거품을 일으키고 천둥소리를 내며 바위 바닥을 흐를 때 강 건너편의 티롤인들이 이쪽 강가에 사는 바이에른 사람들을 무참하게 학살했다고 해.
바위투성이의 높은 곳에 숨어 있던 티롤 사람들이 악마 같은 함성을 지르며 지나가는 바이에른 사람들을 향해 총을 내리쏘았고, 총에 맞은 사람들은 어디서 총소리가 나는지도 모른 채 물속 깊은 곳으로 떨어져 가라앉았대.
그 후 바이에른 쪽에 예배당이 세워졌고, 티롤 쪽 바위 위엔 붉은 십자가가 세워졌는데 이는 몇 주 동안이나 벌어진 부끄러운 사태를 기념하고 속죄하는 의미라고 해.

오, 영광스러운 그리스도는 얼마나 더 많은 수치스러운 일이 있어야 나타나시는 걸까?
그들은 그리스도의 모습을 여기 세웠데.
그리스도는 인간의 모든 타락한 상태에 대한 가장 끔찍한 기념물로 서 있는 거지.
그리고 이렇게 외치는 것 같았어.
"보아라, 너희는 불경한 발로 전지전능한 하나님의 가장 완벽한 창조물을 짓밟았다.
그러면 인간이라고 하는 해충의 잔재를 가벼운 마음으로 파괴하는 것을 누가 주저하겠느냐?"
우리는 이 우울한 광경에서 한시라도 빨리 빠져나가기 위해 한참 동안을 아래로 급히 내려갔어.

- 편지 부분

* 불멸의 음악가 A는 베토벤을 지칭함. 베토벤을 존경하는 슈베르트는 고전주의 모차르트 음악에서 갑자기 낭만주의를 표방하는 베토벤의 후기 음악으로 넘어오는 것 같은 풍경의 대비를 극적으로 표현함.

10. 프란시스 2세 황제에게

비엔나
1826년 4월 7일

폐하! 가장 자애로우신 황제시여,
아래 소명자는 공석인 궁정 부악장 자리를 폐하의 영광으로 자신에게 수여해 주실 것을 진심으로 간청하며 다음과 같이 자격 요건을 갖춘 신청서를 제출합니다.

1. 신청자는 비엔나에서 교사의 아들로 태어났으며 나이는 29세입니다.

2. 신청자는 제국 왕립대학에서 5년간의 궁정성가대원으로 활동한 특권을 누렸습니다.

3. 신청자는 궁정 수석 악장이었던 고 안토니오 살리에리 씨로부터 작곡 과정을 이수했으며 악장으로서 어떤 일도 수행할 자격을 충분히 갖췄습니다.

4. 신청자는 비엔나뿐 아니라 독일에도 가곡과 기악 작곡가로 이름이 잘 알려져 있습니다.

5. 신청자는 5개의 미사곡을 썼고, 모두 작은 규모나 대규모 오케스트라 두 가지로 편곡되었으며 이 작품들은 비엔나에 있는 교회들에서 이미 연주되었습니다.

6. 신청자는 현재 소속된 곳이 없으며 그가 전부터 간직해온 높은 음악적 야망을 실현할 수 있는 안정되고 영구한 자리를 희망합니다.
폐하께서 영광스럽게도 흔쾌히 신청자의 소망을 받아주신다면 최선을 다하여 만족시켜 드릴 것입니다.

폐하의 가장 충실한 종
프란츠 슈베르트

* 슈베르트의 뛰어난 재능에도 불구하고 출신 신분의 벽에 막혀 궁정 부악장 직은 1년 후 다른 사람에게 돌아감.

11. 마리 레오폴디네 파흘러에게

비엔나
1827년 9월 27일

부인께,
그라츠에서의 제 삶이 얼마나 즐거웠는지 이제야 깨달았습니다.
저는 다시 빈에 정착하기가 매우 어렵습니다.
빈은 넓은 곳이긴 하지만 진심과 진심, 진정한 생각과 현명한 대화가 부족하고, 무엇보다도 지적인 성취를 이루기 어려운 곳입니다.
여기선 험담들이 끊임없이 떠돌아다니고 있어서 사람들이 제정신인지 아닌지 알기 어렵고, 내면의 행복이 무엇인지도 모르고, 전혀 얻을 수도 없습니다.
하지만 이는 상당 부분 제 잘못입니다.
저는 제 자신의 껍질을 뚫고 나오는데 너무 오랜 시간이 걸리기 때문입니다.
저는 그라츠의 사교 생활에서 꾸밈없는 진솔함을 보았습니다.

방문 기간이 좀 더 길었더라면 그라츠의 생활에 더욱 깊이 빠져들었을 것입니다.
특히 당신과 파흘레로스 씨가 제게 베풀어주신 따뜻한 환대는 결코 잊지 못할 것입니다.
어린 파우스트도 잊지 못할 겁니다.
당신과 함께 오랫동안 알고 지낸 시간은 제겐 가장 행복한 나날이었습니다.
당신께 감사를 표현할 적절한 방법을 찾기를 바랍니다.

당신의 진실한
프란츠 슈베르트

N.B. 며칠 안에 오페라 대본을 보낼 수 있기를 바랍니다.

12. 안젤름 휘텐브레너에게

비엔나
1828년 1월 18일

나의 사랑하는 휘텐브레너에게!!!
이렇게 오랜만에 내가 편지를 쓰니 너 놀랐지?
나도 그래.
이렇게 편지를 쓰는 이유가 있단다.
그라츠에 있는 제도사 자리가 공석이라고 후보자를 모집하는 공고를 봤어.
너도 알다시피 내 동생 칼이 그 자리를 원해.
동생은 풍경 화가이자 제도사로서 매우 뛰어난 재능을 지녔지.
네가 동생을 위해 힘써줬으면 정말 고맙겠다.
너는 그라츠에서 잘 알려진 사람이니 정부에 아는 이가 있거나, 이 일에 관하여 영향력을 가진 사람들을 알고 있으리라 생각해.

내 동생은 결혼해서 아이도 있어.
그래서 안정된 직장을 구한다면 무척 기뻐할 거야.

난 모든 것이 너에게도 잘되기를 바라.
네 사랑하는 가족과 형제들 모두에게 내 따뜻한 안부를 전해줘.

나는 며칠 전 슈판치히의 집에서 피아노, 바이올린, 첼로를 위한 제3중주를 연주했는데, 모두에게 대단한 칭찬을 받았어.
보클레트, 슈판치히 그리고 링케가 그 곡을 훌륭하게 연주했지.
너도 새로 써놓은 곡이 있니?
그건 그렇고, 그라이너, 이름이 맞나?
그 사람 왜 너의 가곡 2곡을 출판하지 않지?
도대체 왜 그런 거야?

다시 동생 일을 부탁한다.
네가 내 동생을 위해 하는 일은 나를 위해서 하는 일이라는 것을 기억해주기 바란다.
반가운 답장을 기다리겠다.

죽을 때까지 너의 진실한 친구
프란츠 슈베르트

* 이그나츠 슈판치히(1776-1830)는 당시 유명한 현악 사중주단의 지휘자로 베토벤이 처음 빈에 왔을 때 베토벤에게 바이올린을 가르침.

안젤름 휘텐브레너

13. 프로브스트에게

비엔나
1828년 5월 10일

존경하는 선생님께
귀하께서 요청하신 트리오를 함께 보내드리고자 합니다.
제안 드린 60 플로린스는 가곡집 하나와 몇 개의 피아노 작품 정도의 대금입니다.
6배나 많은 작품이 들어 있는 트리오곡의 대금으론 너무 저렴한 것입니다.
하지만 처음 시작이니 최대한 서둘러 출판해 주실 것을 간곡하게 부탁드립니다.
그리고 복사본 6부를 제게 보내주시기 바랍니다.

주의 깊게 살펴보셔야 할 것은 마지막 곡의 축약된 음악 기호입니다.
첫 번째 연주자는 정말 유능한 연주자로 고르시고, 무엇보다 마지막 박자가 바뀌는 부분에서 리듬을 잃지 않도록 유의해 주시기 바랍니다.

미뉴에트는 중간 박자로 하시고 피아노는 끝까지 그대로 갑니다.

그러나 트리오는 이와 달리 피아노와 피아노시모 표시가 있는 곳을 제외하곤 힘 있게 연주해야 합니다.

빠른 출판을 기다리며 여전히 커다란 존경심을 담아

귀하의 충실한
프란츠 슈베르트.

* 프로브스트 - 빈의 출판업자로 슈베르트 생전 그의 작품을 출판해 준 몇 안 되는 출판업자 중 한 사람. 슈베르트는 출판사들에 여러 번 출판 요청을 했으나 대부분 거절하거나 무시당함. 편지에서 '최대한 빠른 출판을 원한다.'라는 문구는 1828년 이 무렵부터 보이는데 슈베르트는 자신의 생이 얼마 남지 않았다는 것을 알고 있었던 것 같음.

14. 요한 밥티스트 앵거에게

비엔나
1828년 9월 25일

친애하는 앵거에게
나는 하스링거에게 『겨울 여행(겨울 나그네)』의 두 번째 파트를 이미 보냈다.
올해엔 그라츠 여행을 포기해야 할 것 같다.
돈도 없고 날씨도 나빠 여행에 방해가 되는구나.
멘츠 박사의 방문 초청을 받고 나는 무척 기쁘다.
나는 언제나 쇤슈타인이 노래하는 것을 들으면 매우 즐겁거든.
토요일 오후 4시에서 5시 사이에 징거스트라세에 있는 보그너의 커피집에서 만나자.

너의 친구
슈베르트.

* 요한 밥티스트 앵거 – 슈베르트의 절친이자 '슈베르티아데' 멤버로 슈베르트, 안젤름 휘텐베르너와

앵거 세 사람이 함께 있는 그림이 남아 있음.
슈베르트의 곡을 연주하며 널리 알리는데 기여하고 후원자 역할을 함.

15. 스코트에게

비엔나
1828년 10월 2일

존경하는 스코트 씨에게
귀하의 편지를 받은 지 꽤 오랜 시간이 지났습니다.
제가 하스링거 편에 보낸 작품들, 즉 4개의 즉흥곡들과 남성 목소리를 위한 5중주를 잘 받아봤는지 확인이 된다면 무척 기쁘겠습니다.
이에 대하여 제게 답장을 보내주시겠습니까?
전 이 작품들이 가능한 한 빨리 출판되기를 갈망합니다.
즉흥곡의 오퍼스 넘버는 101이고, 5중주는 102번입니다.
빠르고 친절한 답을 기다리며 모든 존경심을 담아

프란츠 슈베르트.

* 스코트는 독일의 대표적인 출판업자로 슈베르트

사후 그의 명성이 올라가자, 슈베르트의 많은 작품들을 출판했으나 슈베르트 생전엔 별 관심이 없었음.

편지글에 생을 얼마 남겨놓지 않은 슈베르트의 간절함이 나타나 있음.

16. 프로브스트에게

비엔나
1828년 10월 2일

프로브스트 씨에게
저는 이 트리오 곡이 언제 나타날지, 곡을 찾게 되는지 걱정스럽습니다.
아직도 곡의 번호가 없나요?
그 곡의 번호는 Op.100입니다.
저는 그 곡의 출판을 애타게 기다리고 있습니다.
그리고 다른 곡들과 함께 피아노를 위한 3개의 소나타도 작곡했습니다.
그 곡은 훔멜에게 헌정하고 싶습니다.
또한 저는 하이네의 시에 곡을 붙인 여러 가곡들을 썼는데 이곳에선 반응이 열광적입니다.
마지막으로 두 대의 바이올린과 한 대의 비올라, 두 대의 첼로를 위한 5중주 곡 하나를 작곡했습니다.
저는 앞의 그 소나타들을 여러 곳에서 성공적으로 연주했습니다.

하지만 5중주의 리허설은 다음 며칠 내에 이루어질 것입니다.
이 작품들 중 어느 것이라도 우연히 귀하에게 전해진다면 제게 알려주시길 부탁드립니다.
진심으로 존경심을 담아 제 이름을 씁니다.

프란츠 슈베르트

* 이 무렵 출판을 애타게 기다리는 슈베르트의 마음을 엿볼 수 있는 편지로 그의 생이 얼마 남지 않았음을 알 수 있음.

17. 쇼버에게

비엔나
1828년 11월 12일

사랑하는 쇼버에게
나는 지금 많이 아프다.
11일 동안이나 아무것도 먹지 못하고 마시지도 못했다.
의자와 침대 사이를 비틀거리며 겨우 왔다 갔다 할 뿐이다.
조카 린나가 나를 보살펴 주고 있다.
그러니 착한 쇼버야, 이 절망적인 상태에 있는 나에게 뭔가 읽을 것을 몇 권 구해 보내주려무나.

난 쿠퍼의 '모히칸족의 최후' '스파이' '파일럿' 그리고 '탐험가들'은 읽었다.
그의 다른 책들을 혹시 구하게 되면 프라우 폰 보그너 커피 하우스에 맡겨놓고 내게 전해 달라 해라.
꼭 부탁한다.

성실 그 자체인 내 동생이 틀림없이 내게 가져다줄 것이다.
다른 무엇이든지 내게 전해질 것이다.

너의 친구
슈베르트.

* 이 편지가 이 세상에서 그의 손이 쓴 마지막 쓴 편지임, 슈베르트는 9월 이후 건강이 악화하면서 자신의 악보가 출판되길 기다리다가 매독에 의한 합병증인 장티푸스로 1828년 11월 19일 형 페르디난트의 집에서 31년의 생을 마감함.

프란츠 폰 쇼버 (1796-1882 오스트리아) 시인 극작가 배우

슈베르트의 첫 묘지 - 베링

시에세이 **037**

LP로 쓴 겨울 나그네 편지

초판 1쇄 발행 | 2025년 10월 25일
초판 1쇄 발행 | 2025년 10월 31일

지음 배홍배
펴낸이 문정영
펴낸곳 시산맥사
편집주간 김필영
편집위원 최연수 박민서
등록번호 제300-2013-12호
등록일자 2009년 4월 15일
주소 03131 서울특별시 종로구 율곡로 6길 36. 월드오피스텔 1102호
전화 02-764-8722, 010-8894-8722
전자우편 poemmtss@naver.com
시산맥카페 http://cafe.daum.net/poemmtss

ISBN 979-11-6243-643-1 (03810) 종이책
ISBN 979-11-6243-644-8 (05810) 전자책

값 15,000원

* 이 책은 전부 또는 일부 내용을 재사용하려면 반드시 저작권자와 시산맥사의 동의를 받아야 합니다.
* 이 책은 교보문고와 연계하여 전자북으로 발간되었습니다.
* 본문 페이지에서 한 연이 첫 번째 행에서 시작될 때에는 〈 표기를 합니다.
* 저자의 의도에 따라 작품의 보조 동사와 합성 명사는 띄어쓰기가 달라질 수 있습니다.